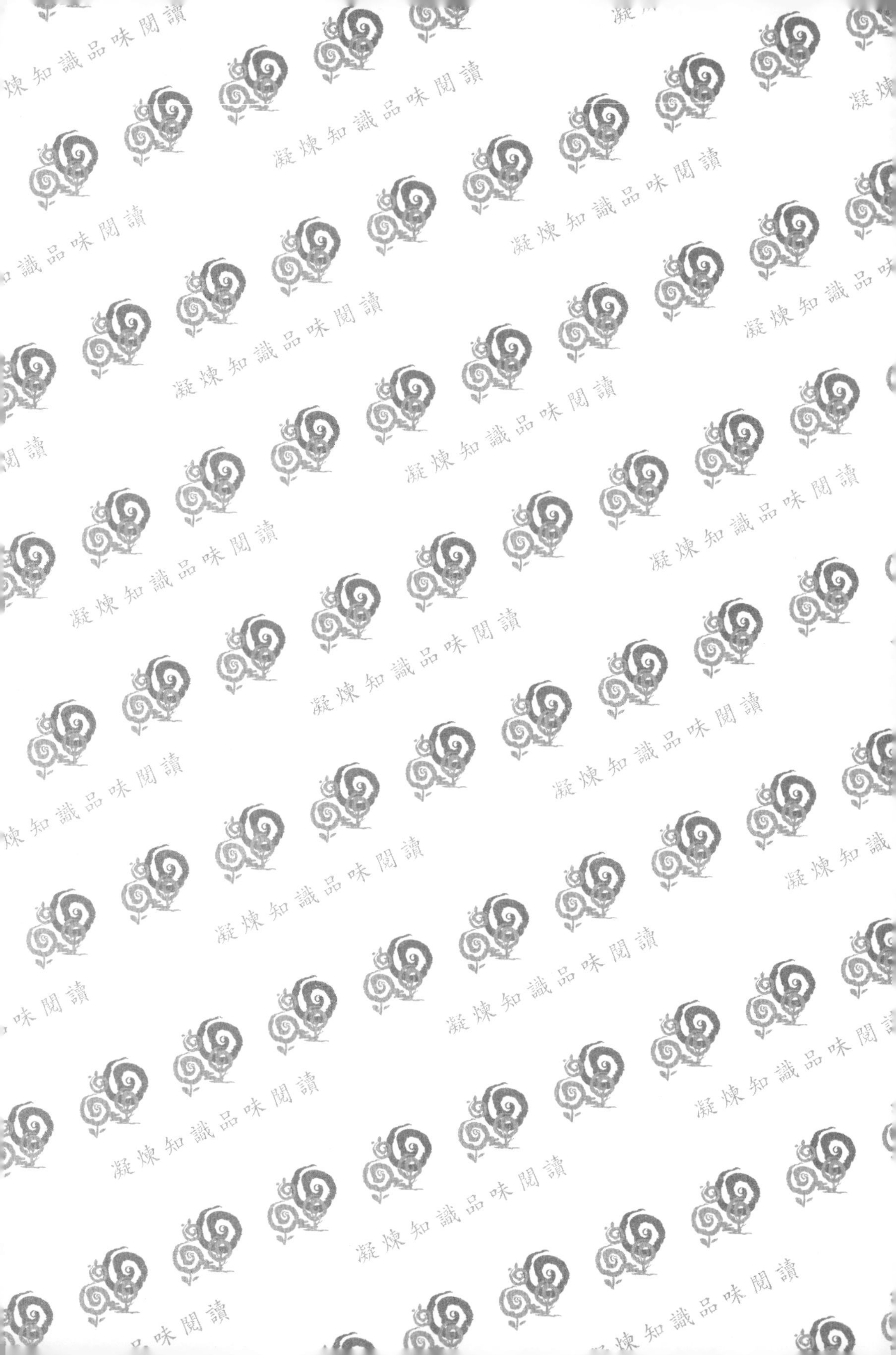
凝煉知識品味閱讀

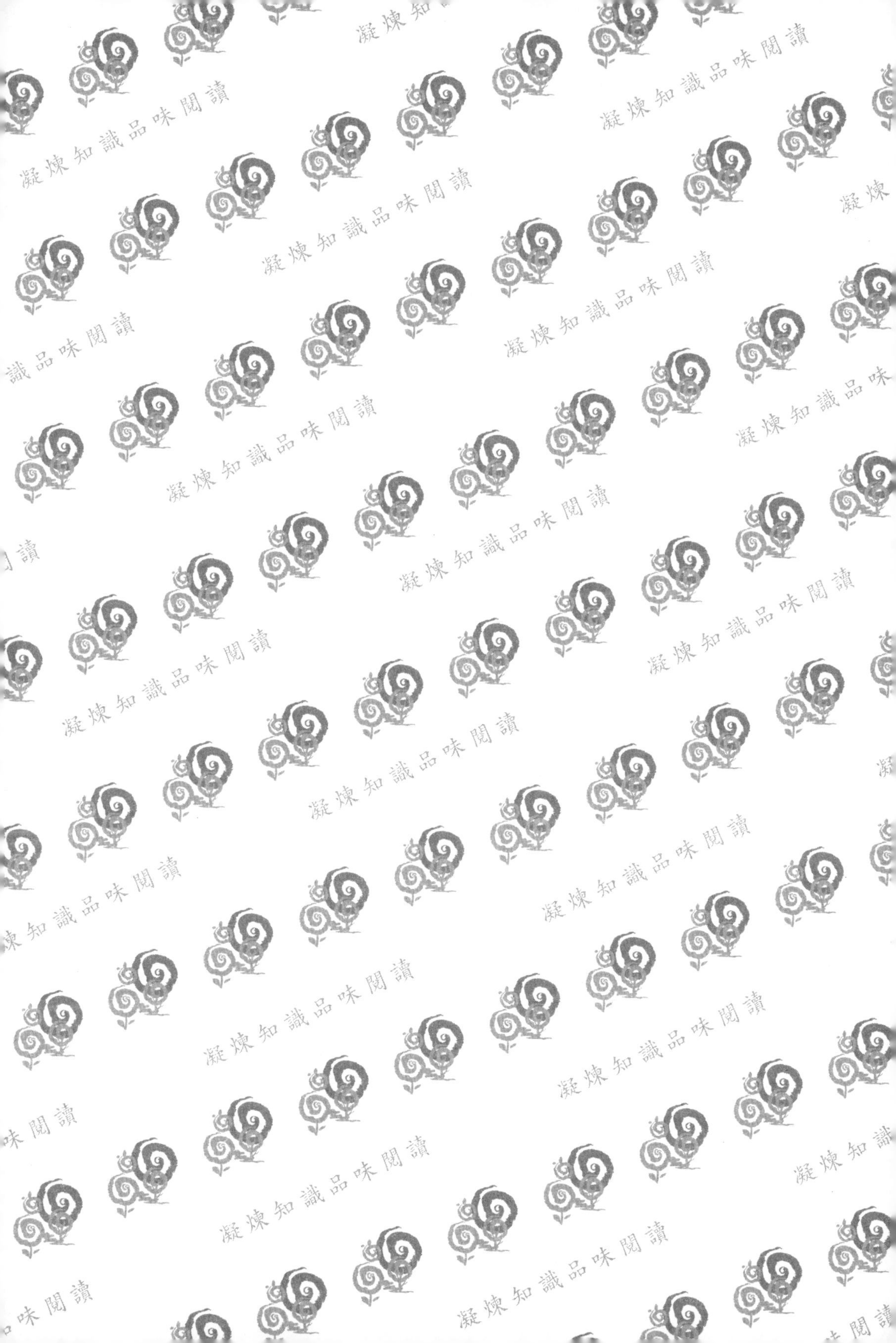

布魯斯 B. 佛萊（Bruce B. Frey）——著
杜炳倫——譯

你需要的統計指南在這裡！

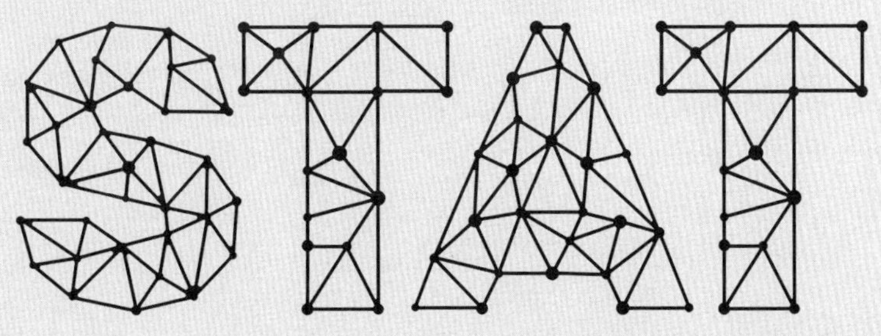

There's a STAT for That!

五南圖書出版公司 印行

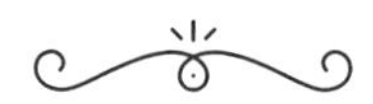

我的妻子，**Bonnie Johnson**，是我此生的摯愛。

她一直以來都是我所依靠的變項。

定位你需要的統計

查閱下列問題所使用術語的基本定義。

❶ 你有幾個獨變項與幾個依變項？

❷ 你的變項屬於名義、順序或區間類別（或更好）？

❸ 你的變項具有幾種類別？

❹ 你的分析裡包含多少組或多少人（或事物）？

❺ 在你的研究設計裡，測量的時機有幾次？

在以下的有趣表格裡定位以上問題的答案，你就會找到適用的統計方法！

次數分析									
獨變項				依變項					
數目	測量的類別	類別的數目	組別的數目	數目	測量的類別	類別的數目	測量時機點	適用的統計	頁數
0	—	—	—	1	名義	2	1	1. 二項式檢定	032
0	—	—	—	1	名義	2+	1	2. 卡方	036
0	—	—	1	1	順序	許多	1	3. K-S 檢定	040
0	—	—	1	1	區間	許多	1	4. 單一樣本 *t* 檢定	043
1	名義	2	1	1	名義	2	1	5. 費雪精確檢定	047
1	名義	2+	1	1	名義	2+	1	6. 雙向卡方	051

組別比較									
獨變項				依變項					
數目	測量的類別	類別的數目	組別的數目	數目	測量的類別	類別的數目	測量時機點	適用的統計	頁數
1	名義	2	2	1	順序	許多	1	7. 曼－惠尼檢定	058
1	名義	2	2	1	區間	許多	1	8. 獨立樣本 t 檢定	062
1	名義	2+	2+	1	順序	許多	1	9. 中位數檢定	065
1	名義	2+	2+	1	順序	許多	1	10. 克－瓦檢定	068
1	名義	2+	2+	1	區間	許多	1	11. 變異數分析	072
2	名義	2+	2+	1	區間	許多	1	12. 雙向變異數分析	076
1	名義	2+	2+	1	區間	許多	1	13. 共變數分析	080
1	名義	2+	2+	2+	區間	許多	1	14. 多變量變異數分析	084

重複測量分析									
獨變項				依變項					
數目	測量的類別	類別的數目	組別的數目	數目	測量的類別	類別的數目	測量時機點	適用的統計	頁數
1	名義	2	1	1	名義	2+	2	15. 麥克內瑪改變檢定	090
1	名義	2	1	1	順序	2+	2	16. 威寇森標等檢定	093
1	名義	2	1	1	區間	許多	2	17. 副樣本 *t* 檢定	097
1	名義	2+	1	1	名義	2+	2+	18. 寇克蘭 Q 檢定	101
1	名義	2+	1	1	順序	2+	2+	19. 富利曼檢定	105
1	名義	2+	1	1	區間	許多	2+	20. 重複測量變異數分析	109
2	名義	2+	2+	1	區間	許多	2+	21. 雙向重複測量	113
2	名義	2+	2+	1	區間	許多	2+	22. 混合變異數分析	117
1	名義	許多	1	1	區間	許多	2+	23. 時間序列分析	121

相關分析									
預測變項				準則變項					
數目	測量的類別	類別的數目	組別的數目	數目	測量的類別	類別的數目	測量時機點	適用的統計	頁數
0	—	—	1	1	名義	2+	2+	24. Kappa 同意度係數	128
1	順序	許多	1	1	順序	許多	1	25. 史匹爾曼相關係數	132
1	名義	2	1	1	名義	2	1	26. Phi 相關係數	136
1	名義	2+	1	1	名義	2+	1	27. 克拉默 V 係數	140
1	名義+	2+	1	1	名義	2	1	28. 簡單邏輯迴歸	144
2+	名義+	2+	1	1	名義	2	1	29. 多元邏輯迴歸	148
2+	名義+	2+	1	1	名義	2+	1	30. 區別分析	152
1	區間	許多	1	1	區間	許多	1	31. 皮爾森相關係數	156
1	區間	許多	1	1	區間	許多	1或2	32. 簡單線性迴歸	160
2+	區間	許多	1	1	區間	許多	1	33. 多元線性迴歸	164
2+	區間	許多	1	2+	區間	許多	1	34. 典型相關	168
2+	區間	許多	1	2+	區間	許多	1	35. 探索性因素分析	172

相關分析									
預測變項				準則變項					
數目	測量的類別	類別的數目	組別的數目	數目	測量的類別	類別的數目	測量時機點	適用的統計	頁數
2+	區間	許多	1	2+	區間	許多	1	36. 驗證性因素分析	176
2+	區間	許多	1	2+	區間	許多	1	37. 集群分析	180
當你想要分析幾個區間類別變項之間的一連串相關連結時								38. 路徑分析	184
當你想要分析一組相關連結和理論上沒有測量到的變項時								39. 結構方程模型	188
當你的數據不具有相互獨立性，而你想要控制住這項事實時								40. 階層線性模型	192

序言

寫一本不告訴你如何計算統計結果的書似乎很奇怪。更奇怪的是，我們還強調這是本書的優點！你看看，許多書本、網站以及教授和老師們，在統計教學方面都做了極好的工作，像是數據分析與結果詮釋的步驟與程序。然而經驗告訴我，這個領域在「爲何特定的統計方法要被採用」，以及「何種統計適合哪種研究設計」這些方面，並沒有解釋得很好。專家們，像是你的統計學教授及教科書作者們，知道研究設計與其適合統計之間的祕密，例如：爲什麼應該用多元線性迴歸，或富利曼檢定，或多變量變異數分析，或諸如此類。

本書揭開了這些祕密。祕密就是獨變項與依變項的數目，以及這些變項的測量值類別。（順道一提，如果你忘記了術語，或者從來就不知道其意爲何，別擔心，我們會在〈一些基本觀念〉這篇裡，加速你回魂的速度。）所以，本書以變項的數目和其測量值的類別，以及可配適的統計程序，來描述研究設計。事實上，運用本書開頭的簡表，你就能夠查閱配合這些特徵的任何研究設計，並且引領你到描述這些統計程序的簡短「兩頁」論述，讓你知道爲何這是適切的分析策略、使用的方法、曾經使用過它的實證研究、數據是怎麼被分析的以及結果是如何被詮釋的。此外，你還能得到許多相關的知識。如同我一開始就很自豪地宣稱，內文不告訴你如何執行分析。本書「只」告訴你要使用何種統計，並且爲何使用它。

所以，如果你是一位顧問，或正在寫一項提案，或與他人合作一份研究計畫，或是一位想要發現專家祕密的學生，或是手上有能夠被分析的資源，本書就很適合你。你懂的，正是因爲存在正確的答案。不論研究問題的量化設計本質，只要知曉變項與其如何被測量的，那麼接下來就必定能夠找到一種適用的統計！

Bruce Frey

October, 2014

致謝

許多人協助了本書的誕生！

首先，如果沒有 SAGE 出版社編輯 Vicki Knight 的支持與建議，出書計畫將永遠也不會被實現。我很感激當她第一次聽見我的提議時（她當下就抓到了整個輪廓），就喜歡上了它，而我也很幸運，她認爲大眾需要一本不同於市面所見的統計書籍。她也把編輯工作做得很好，並且是我所見過最棒的。

再來，Zachery Conrad 爲本書提供了不可或缺的協助。他負責審閱本書所討論的許多多樣化且有趣的眞實研究案例。如果你看見了屬於你研究領域的有趣案例而雀躍不已，應該要感謝的是 Zach。（我稱呼他 Zach，可見得我們友誼深厚。）

最後，在專業寫作方面，或多或少會遇到一些問題，Neil Salkind 爲本書提供了指導，我從他那裡學到了很多。

關於本書的創生，我想要感謝許多審閱者、統計學教授。他們全都非常耐心且謹慎地提供適當的回饋給我。我幾乎全數採納他們的建議！

他們是：

Joel S. Steele, Portland State University

Nicole McDonald, Cornerstone University

Linda Martinez, California State University–Long Beach

Joe Benz, University of Nebraska at Kearney

Yeonsoo Kim, University of Nevada Las Vegas

T. John Alexander, Texas Wesleyan University

Mark W. Tengler, University of Houston–Clear Lake

Matthew D. Dean, University of Southern Maine

Stella G. Lopez, University of Texas at San Antonio

本書不會看起來這麼精美，如果沒有 SAGE 出版社的編輯與職員：

Mark Bast

Kelly DeRosa

Michael Ferreira

Jennifer Grubba

謝謝大家！

譯者序

統計與研究設計的關係密切，而統計是要來解決問題的。然而，初學統計者很可能因爲不當的學習方式，替自己帶來了許多的問題。這些問題有：(1) 因爲不擅長數學而越來越討厭統計，(2) 整天解考題卻帶來更多的疑惑，以及 (3) 學了一大堆還是不知道要怎麼應用統計。

本書不會帶給你以上三大問題，因爲書中內容不告訴你統計公式，只告訴你統計概念；不叫你解題，只告訴你程序、問題以及分析；最後還告訴你充滿故事性的眞實研究範例。所以，讀了本書之後，可以讓你很快地進入統計與研究的殿堂；很容易地抓住各種統計方法的使用時機；最後能融會貫通統計與研究之間的關係，並且能夠胸有成竹地應用統計，賦予統計生活上的意義。

如果你能夠對某個深奧的道理舉一反三，這代表你眞的領悟了這個道理。這個從孔子時代就流傳下來的教育理念，到了現代，被賦予了一個比較學術性的名詞，它叫作「多重表徵（multiple representations）」。簡單地說，就是用不同的方式來詮釋相同的東西。例如：你可以對一位小學生用數學來解釋 1 + 1 = 2，然後用圖形（○ + ○ = ○○）來詮釋，最後用實物來詮釋。如果這位小學生告訴你，他和媽媽去市場買菜的故事，用來表徵你教他的數學概念，這就代表他真正理解了這個概念。同理，作者在介紹每一個統計技術時，併用文字、圖形以及研究故事，企圖讓讀者能確實理解一個統計概念，這是很有效率的設計。

故事真的很重要。人類文化靠說故事而得以流傳下來。十九世紀末，就有學者提出說故事對於教學的重要性。近代的心理學大師榮格（Carl Gustav Jung），更暗示各民族所流傳的宗教、歷史、民俗故事，隱含了豐富的原型。換句話說，故事能連結無意識，引發創造力。說一個真實的研究故事，能引起讀者學習統計的動機和創造力，更何況還是饒富趣味的故事，作者做到了這一點。

市面上有許多的統計書籍，各有不同的特色，讀者依照自己的需求，挑選適合的書籍。我覺得可以用兩句話來形容本書。第一句話：「你需要的統計指南在這裡！」第二句話：「統計也可以快易通。」如果你覺得這兩句話符合你選書的標準，那麼恭喜你了！願展讀愉快。

杜炳倫

2022 年 11 月

一些基本觀念

一、怎麼使用本書

本書開頭的有趣表格羅列了四十種統計技術。它扮演了嚮導的角色，裡面的細項讓你能夠確認研究設計的特徵，並且找到適用的統計。接著翻到指定的頁數，你將會找到適用你研究問題的簡潔正確程序和它的使用時機。對於分析背後的邏輯與運作方式，你也能夠有個概念。這張有趣的表格告訴你「做什麼」以及「何時做」。

這些分析以它們所達到的目標爲準則，被組織成四大部分：次數分析、組別比較、重複測量分析以及相關分析。在每個部分裡，分析以獨變項與依變項的測量類別爲排序基礎（或，以相關分析而言，預測與準則變項），而以涉及變項的數目來表達其複雜性。

二、本書不能做什麼

這是一本有點異類的統計入門書。它不教你如何算出統計值，不論是手算或是電腦算。已經有許多的教科書、網站、電腦軟體、統計學教師能夠幫助你如何執行統計分析，我們不需要再多一本類似的書籍。然而，這些書籍與大學課程常常沒有告訴讀者怎麼應用適合的統計技術。如果你被要求去執行副樣本 t 檢定，你也許能夠做得相當好。然而，什麼時候你應該使用副樣本 t 檢定呢？爲何這麼做？如果是更複雜的分析，像是多元邏輯迴歸或多變量變異數分析，使用的時機點爲何？統計領域的教科書、軟體、教授或顧問，在統計分析與研究設計的適配關係上，並不總是說明得很清楚。

本書的主要目標就是填補理論與實務之間的鴻溝。不論你是位學生、教授、研究者或論文撰寫者，我們假定有其他的管道協助你做分析，但你需要知道怎麼選擇適用的統計技術，而在大部分的情況裡，總是會存在一個適當的選擇。不論你的研究設計爲何，不管你的研究問題是什麼，總是會有一個適配的統計等在那裡。

我已經盡量避免在本書裡使用太過技術性的語言，但熟稔幾個常用的關鍵概念用語，將能幫我們打下堅實的學習基礎。以下是一些基本觀念，讓我們從最重要的概念開始。

三、測量的類別

研究者使用的變項或許抽象，但通常可以用不同的方式來量化。用什麼樣的數字來表徵變項的規則，決定了測量的類別。不同的測量類別所透露關於變項的訊息量是不同的，並且與不同的統計程序相呼應。因此，可以說是研究變項的測量類別，決定了適用的統計分析技術。

（一）名義（nominal）

名義來自於拉丁語，意謂著「只是稱呼上而言」，描述數字被最低程度使用的測量類別，並且只使用於名稱或不同的類目上。例如：社會科學研究者通常使用 1 和 2 來代表性別變項，1 意謂著男性，而 2 意謂著女性。這些 1 與 2 仍然只是數字，不具有量值。女性並沒有 2 倍於男性。

（二）順序（ordinal）

此類測量值提供了比名義更多的訊息。這個程度的數字代表了某種排序。不論何種變項被測量，這些數字指出了某事物的或多或少。我們能夠分辨這些數值，但因爲我們不知道這些不同順序之間的距離是多少，我們甚至無法總結這組具有多少變異。

（三）區間（interval）

到了這個程度的測量類別，我們不但擁有排序的訊息，並且現在評分的規準是變項分數之間的距離反映相同的量。以溫度計爲例，25 和 30 度之間的熱量與 30 和 35 度之間的熱量是一樣的。由於我們必須使用區間類別的測量值，才能有意義地計算平均數，而許多常用的統計檢定利用的是平均數的概念，所以許多研究者盡其所能地以這種類別來測量其變項。

（四）比率（ratio）

第四種，也是最高等級的測量類別，其與區間類別的唯一差異在於沒有負值。不存在低於零的比率變項。想像一下，計算金錢、長度或站在門廊旁邊的狗狗。人們可以使用區間類別測量值計算出負值（例如：低於零的溫度），但比率類別就不行。這種規準使得研究者能夠有多一種的分析技術可以使用（以比例或比率來比較數值），但只比區間測量值（interval measurement）進步一點點。所以，與其說「比率」，我們通常說「區間或更好」是優質研究測量值的目標，而本書只說名義測量值、順序測量值以及區間類別測量值。

四、確認你的測量類別

（一）名義

如果變項眞的只是一群類目（例如：比較的組別、性別、政黨、人格類型、地點），它就屬於名義類別。事實上，統計學家通常以類目變項（categorical variables）來指稱名義變項。所有那些比較組別平均數的統計技術，像是 t 檢定和變異數分析，都具有名義獨變項。

（二）順序

以優於名義測量所測得的變項，有時候被稱爲連續變項（continuous variables）。那是因爲這些分數表徵了某種的數值間距量，從某處沿著連續體從小量到大量。所有的連續變項至少都是順序的。分數在那條連續體上反映了某種順序。如果被指派的分數不能沿著連續體分別出一塊塊同樣的部分，那麼它們只反映了它們之間的順序。

（三）區間

連續變項不只反映了順序，被分派的分數也指出任兩個鄰近的分數間有著相同的距離，那麼這就稱得上是區間類別變項。如果這麼說不好理解，試比較一下區間與順序，看看何者擁有更多的訊息。除了溫度計這種區間類別測量值之外，想想那些心理、教育以及性向測驗和調查，產生了對許多問題做出反應的總結分數。那些分數包含的訊息比順序要多。即使不清楚每一個分數間的等距是否都具有等量的意義，大部分的研究者把具有這類測量值的變項視爲區間變項。

（四）區間或順序？

對於研究者而言，要決定一個連續變項屬於區間或「僅僅是」順序，可能並不容易。在怎麼處理這些情況方面，甚至統計學家之間都有不同的見解。事實上，「那些心理、教育以及性向測驗和調查，產生了對許多問題做出反應的總結分數」屬於區間類別測量值的說法，並沒有說服所有的統計學家。嚴格地說，它並不是一句眞實的陳述。幸運地，這只是一個學術辯論，因爲在大多數的案例裡，即使一個優於順序類別的連續變項沒有眞正滿足區間類別的技術性特徵，我們還是可以把它視爲如同區間變項。那些需要區間變項才能運作良好的統計技術，也適用於這些「幾近」區間的變項。這尤其爲眞，如果正在談論的分數是許多這類可疑分數的總和。這是因爲這些總分分配的方式，就如同眞的區間分數那樣，而適配的統計總是與母體裡這些分數的預期分配有關。

所以，當有懷疑時，爲何不乾脆就決定眼前的測量值屬於比較低的類別，而不用擔心這些事？畢竟，適用順序變項的統計也能夠用於區間變項。然而，我們的目標是盡量從每一個變項上獲取更多的訊息，並且使用最強大和適配的統計技術，而那些最強大的統計技術使用的是區間變項。

五、獨變項和依變項

許多研究假設會暗示一個變項影響了另一個變項。在這些假設裡，被其他變項所影響的變項被標示爲依變項（dependent variable），因爲它要依賴另一個變項。有影響力、假定的因果變項，被稱爲獨變項（independent variable）。當然，在更寬廣的眞實世界裡，各種變項都影響著那個獨變項，但那些變項不是這個特定假設的一部分，所以我們稱它獨變項。

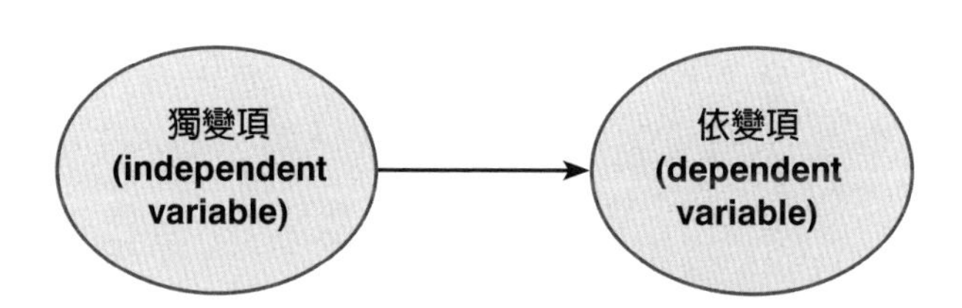

六、預測與準則變項

除了建議一個變項影響了另外的變項之外，一些假設建議變項只有彼此關連（或如統計學家所說，相關性）。因爲在這些假設裡沒有陳述因果關係，所以標示一個變項爲獨變項，而另外的變項爲依變項是不正確的。（很奇怪地，許多市面上的統計軟體，堅持以這個方式來標示它們的相關性變項。）然而，即使是相關研究，也會存在某種關係裡被暗示的方向性。我們可能應用相關來檢視是否一個變項解釋了另一個變項，或使用幾個變項來預測另一個。在那些案例裡，我們藉著使用術語預測變項（predictor variable）來表徵獨變項的角色，而我們試著去解釋或預測的角色就被稱爲準則變項（criterion variable）。當然，如果兩個變項間只有簡單的相關性，我們不需要賦予它們不同的標籤，因爲這個關係或許沒有涉及任何的方向性。

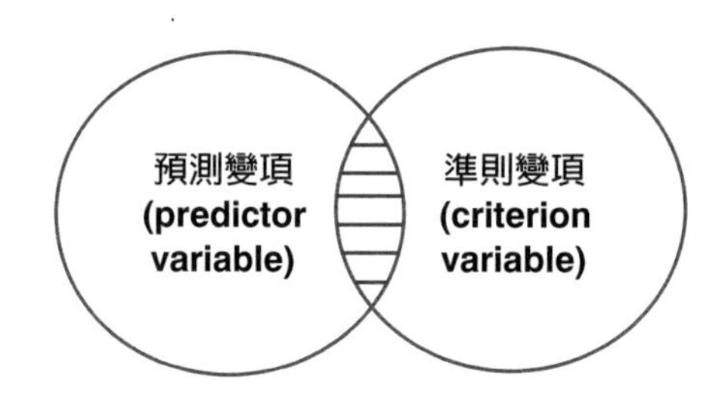

（一）分數

分數是一個通用語，被指派去表徵一個研究對象在一個變項上處於何處的數字。依據測量的類別，它能夠表徵人們位於何種類目、人們比較下的相對順序、人們在一份測量上所得到的分數以及諸如此類。統計學家有時候把分數稱作觀察值（observations），用來提醒我們分數代表了可能分數的一份樣本，因此存在某種機率讓它們出現在研究裡。因爲這些分數出現機率所帶來的影響，所以需要（並且允許）推論統計分析。

（二）類別

類別（level）意指變項上的可能分數。如果一個名義變項上有三種類目，它就有三個類別。一個有著從 40 至 160 分的區間變項，具有 121 個類別。

（三）組別

一個組別（group）意謂著一組參與者。有時候，統計分析比較幾個組別（例如：變異數分析）。有時候，統計分析比較幾個組別的分數，而這些分數搜集自一組參與者（例如：重複測量）。當術語組別被用在每個統計的開頭摘要與本書首頁的有趣表格時，它意謂著提供分數用於分析的一組組參與者們。

（四）參與者

本書所使用的字眼參與者（participants），意指提供分數的分析單元（unit of analysis）。參與者是研究的對象（subjects）。當然，本書所描述的統計分析也適用事物，像是砂礫、水獺以及電磁波。看在簡化的份上，本書裡研究設計的參與者通常假定爲人們，但實務研究不必如此。分析不知道也不在乎它們的數據來自何者。

（五）統計值

技術上而言，一個統計值（statistic）是一個描述樣本分數的量值。實務上，術語統計（statistics）被廣義地使用來描述整個統計分析領域。它通常被用來描述整個過程，而非顯著性檢定所用的眞實樣本值。例如：變異數分析（analysis of variance）有時候以一個統計值被論及，而它事實上是一個產生 F 值的分析策略。F 值是統計值，不是變異數分析。本書接納術語統計值（statistic）的兩種說法。

七、統計的種類

本書把統計分析分組成四種類型的分析。

（一）次數分析（frequency analysis）被使用在當研究者感興趣於單一樣本裡，一個或更多變項的分配模型時。分數的模式歸因於機率或其他事物？這些設計通常涉及名義類別變項，也經常沒有獨變項。

（二）組別比較（group comparisons）是把分組拿來互相比較的分析。像是傳統的實驗設計〔此處實驗組（experimental group）被拿來與控制組（control group）進行比較〕，組別比較裡的獨變項總是名義上的，而不同的類別就是不同的組別。

（三）重複測量分析（repeated measures analysis）使用被測量不只一次的組別而得來的數據，通常是相同的變項。縱貫設計（longitudinal designs）幾乎總是使用重複測量分析。比較通常跨越時間。

（四）相關分析（correlational analysis）涉及了一組不只在一個變項上被測量的參與者。這些分析的興趣在於變項之間的關係，而非跨越時間的組別差異。然而，在複雜的相關分析裡，跨越時間的組別差異與改變能夠成爲被分析的對象。

八、機率

統計分析的解釋幾乎總是圍繞著「機率（by chance）」。你總是會聽見：「平均數的差異超越了機率所期待的嗎？」或「這個相關係數比你以機率找到的要大嗎？」或「我斷定這些結果不會偶然發生。」在這些對話裡，明瞭談論的「機率」意指爲何是重要的。這不是賭博、中樂透、被雷擊或幸運答對隨堂測驗的那種機率。它是一種應用於統計分析的特定類型的機率。因爲推論統計試著藉由檢視樣本值來猜測母數，所以需要樣本能正確地代表母體。如果研究者的樣本沒有適切地代表其母體，統計結論就會錯誤。（這就是爲何從母體裡隨機抽樣是如此地重要。）統計分析的壞運氣意謂著你有一組沒有適切反映母體的樣本，所以你的統計值沒有射中標的。樣本的成分並非母體裡的所有分數，所以我們會期待樣本值與母數會有一些差異。如果只有機率是唯一角色，我們會期待小的差異。統計學家知道那個小差異應該多大。如果樣本值與假定的母數之間的差異大於機率所期待的，就宣稱差異具有統計顯著性。從定義上來看，它是顯著的，因爲它比機率所期待的更爲不同。

九、選擇正確的統計方法真的只看測量的類別嗎？

不。幾乎是，但不完全是。有時候，測量的類別指定了某個特定的統計分析，但研究者判定，使用那個統計技術的假設條件沒有被完全滿足。假設（assumption）是變項或研究設計的特徵，而它必須爲眞，以便我們能夠相信顯著水準（the p value）的數學正確性。如果假設被違反，我們無法確定依據統計顯著性而來的決定是否正確。因爲替較低級別測量值（名義與順序）所設計的統計分析，需要較少且較容易被滿足的假設。有時候，研究者會從區間類別統計轉向較低級別的統計。雖然如此，在所有的案例裡，本書所建議的統計分析可以給你一個正確的方向，而幾乎在所有的案例裡，它就是適用的統計。它眞的就是這麼簡單。

目錄

第一部分

次數分析

第二部分

組別比較

第三部分

重複測量分析

第四部分

相關分析

+24.0
+10.5
+5

次數分析

在這個次數分析（frequency analysis）部分裡的統計分析，比較一份樣本裡某個變項的分配（distribution）與某個假設性或所期待的分配。我們要問，變項上每個分數的次數分配結果，隨機機率是唯一的解釋嗎？

這些分析裡，只有一種感興趣於變項之間的關係，它就是雙向卡方檢定（two-way chi-square test）（參看模組 6）或說列聯分析（contingency analysis）。其他的檢定假設有關於分配。你可以把雙向卡方檢定想像成相關分析，但因為它在邏輯上是卡方檢定（chi-squared test）（參看模組 2）的延伸，所以把它放在這個部分裡是合理的。

在這個部分裡，只有一個檢定是*母*數（parametric）檢定，它就是單一樣本 *t* 檢定（single-sample *t*-test）（參看模組 4）。其他的是無*母*數（nonparametric）檢定。*母*數是一個描述*母*體（population）分數的值（相對於描述樣本分數的統計值），而母數統計程序對於樣本所隸屬的母體會制定一些假設。母數統計的關鍵假設就是母體裡的變項要常態分配（normally distributed）（熟悉的鐘型曲線）。這個常態分配假設使得研究者能夠使用分析裡的組別平均數，而不用計算所有的分數。就算單一樣本 t 檢定使用的是平均數而非分數的次數，它還是屬於這個部分，因爲就像此部分其他的分析一樣，它不探討變項間的關係。

模組 1

二項式檢定（Binomial Test）

獨變項	0
測量的類別	—
類別的數目	—
組別的數目	—
依變項	1
測量的類別	名義
類別的數目	2
測量時機點	1

一、研究設計

二項式檢定的使用時機是當感興趣的變項（依變項）只有兩種（二分）可能的名義結果時。那兩個值會在樣本裡的兩個類目裡形成分配，使得一個類目裡的分數有一個分配的百分率，另一個類目裡的分數也有一個分配的百分率。這兩個百分

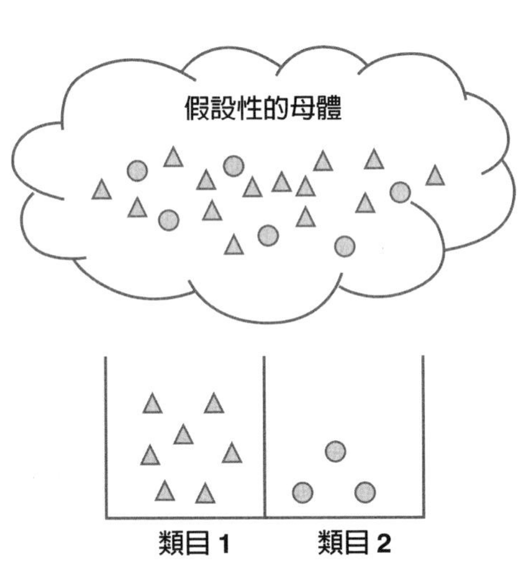

每一個類目裡的樣本比例是所期待的嗎？

率會總加爲 100%。以比例來陳述，這兩個比例總是總加爲 1.0。二項式檢定把這些樣本比例拿來與某個假設性或既定的比例進行比較。那些比例通常是 0.50 與 0.50（例如：投擲硬幣出現正反面的比例），但它們不必如此。從一組人們或事物搜集數據，而樣本裡的比例拿來與假設的比例進行比較。

二、主要的統計問題

我樣本裡的比例不同於我所期待的嗎？

三、會使用二項式檢定的研究範例

在秘魯的山區村落裡，一些孩童樂於玩猜謎遊戲，這些是古老的「我是什麼？」謎語。謎語像是：「我是一位穿著黃色洋裝的女孩，從這個角落跑到那個角落。」我是什麼呢？答案是一把掃帚（當然）。研究者注意到，這些謎語通常涉及工作與責任的社會背景，並且假設負責任的孩童比較會喜歡這類謎語。爲了搜集依變項的數據，會發展出一套面談法，把所有的孩童歸類至喜歡謎語或不喜歡謎語的謎語感受類目裡。先前的研究指出，對所有的山區孩童而言，有 60% 喜歡謎語。這被用來當作二項式檢定的期待比例。選擇 36 位負責任的孩童當作樣本（也透過面談決定）。他們被面談並且被給予分數，而且被視爲依變項。

四、分析

想像中的數據看起來如下表。

依變項	次數	比例
喜歡謎語	28	0.78
不喜歡謎語	8	0.22

此例裡，觀察到的比例是 0.78，這（以這樣的樣本量）在統計上大於 0.60（於 0.02 的顯著水準）。在這個母體裡，負責任的孩童確實比一般孩童更喜歡這類謎語。

五、要考慮的事

（一）二項式檢定，這個最重要的次數分析統計，在本書被描繪成原本設計上不具有獨變項。當然，幾乎總是會有某種想像出的理由，作爲被分析分數是如此分配的解釋。從這個意義上來說，就有被考量的獨變項。然而，獨變項不提供分數給這個檢定。

（二）有著兩個類目的卡方檢定，能夠被用來代替二項式檢定。然而，在大部分的案例裡，你會得到些許不同的顯著水準。這是因爲這些程序在如何計算機率的假設上是不一樣的。樣本量在大約 100 或更少的情況下，二項式檢定很可能比較準確，但在大部分的現實生活情況裡，何種方法被採用並不那麼要緊。

（三）術語 binomial 意謂著兩個名字、或兩個類目、或兩個可能的數值。這個字的「nom」部分，與名義類別測量値所使用的「nom」，同樣意指「name（名字）」。實務上，我們把術語二分（dichotomous）與二項式（binomial）視爲同義詞，雖然技術上而言，二分意謂「切成兩部分」。

六、啓發此範例的真實研究

Bolton, R. (1977). Riddling and responsibility in highland Peru. *American Ethnologist, 4*(3), 497-516.

模組 2

卡方（Chi-Squared）

獨變項	0
測量的類別	—
類別的數目	—
組別的數目	—
依變項	1
測量的類別	名義
類別的數目	2+
測量時機點	1

一、研究設計

當存在一個研究者感興趣的名義變項（依變項），而那個變項的可能分數多於兩種，就是卡方統計分析的使用時機。數據搜集自一組人們或事物，並且在依變項上被評分。在一份樣本裡，不同的比例會落入依變項的每一個可能類目（或分數）

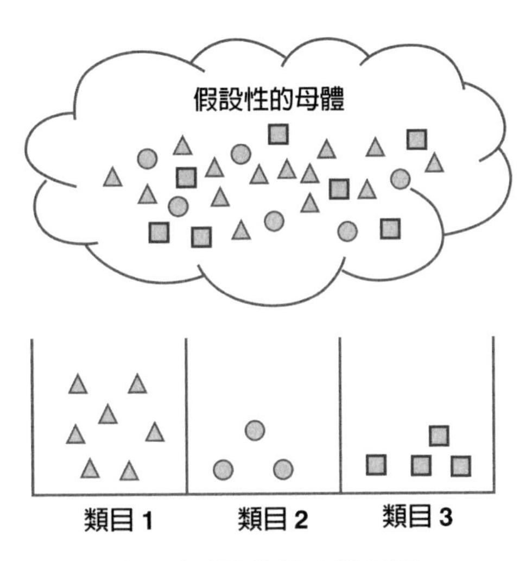

每一個類目裡的次數是所期待的嗎？

裡。卡方檢定把每一個類目裡的次數，拿來與假設性或所期待的次數做比較。通常，假定的分配是所有的類目都相等，並且每一個類別的人數之間沒有差異，但是研究者能夠把樣本拿來與任何所期待的比例做比較。

二、主要的統計問題

依變項裡每一個類目的次數不同於我所期待的嗎？

三、會使用卡方的研究範例

本地社區戲院的經理想要知道季票持有者的年齡。他們是年輕人、中年人或是老年人呢？如果有一種年齡範圍勝出，那麼暗示播放的影片要符合多數的口味。然而，如果年齡層的分配差不多一樣，那麼就不需要使用年齡作爲選擇影片的理由。對 141 位季票持有者進行調查，年紀是其中一種被搜集的人口統計學變項。在此研究裡，年紀是依變項，而它所採用的評分類目是：18-44（歲）= 年輕人、45-64（歲）= 中年人、65-93（歲）= 老年人。

四、分析

想像分析的結果看起來如下表。

依變項	觀察到的次數	期待的次數	殘差
年輕人	58	47	11
中年人	52	47	5
老年人	31	47	-16

觀察到的次數（observed frequency）是樣本裡每個類目裡的人數。期望次數（expected frequency）是指如果樣本所代表的母體裡不存在差異，研究者會期待的人數（例如：141/3 = 47，所以如果年齡層是平均分配的，我們會「期待」47 出現在每一個類目裡）。殘差（residual）是期待與眞實次數之間的差異。當那些殘差總加到足夠大的時候，從那些殘差所計算得來的卡方就會具有統計上的顯著性。此處，卡方值是 8.55，顯著水準是 $p = 0.01$，而這位戲院經理總結，季票持有者年輕人較多，老年人較少。所以，下一季的影片會有較多的 *Lion King* 與較少的 *South Pacific*。

五、要考慮的事

（一）Chi-squared 發音爲「Kye squared」，這麼命名是因爲分析所產生的統計值和表徵它（χ^2）的希臘字母。它與 t 檢定一樣，都以顯著性檢定所用的值來命名，而非所使用的策略，像是多元線性迴歸（multiple linear regression）或變異數分析（analysis of variance）。

（二）卡方更正式的說法是卡方適合度檢定（chi-squared goodness-of-fit test）。樣本裡觀察到的比例有多「適合」你的假設？

（三）Chi-squared 經常被說成 chi-square。數學家似乎對此沒什麼意見。

（四）當你擁有類目（名義）變項，而你希望宣稱母體裡的人們，其中一個類目有著最多或最少的人數，就可以使用卡方分析。

（五）當依變項只有兩個類目時，也仍然能夠使用卡方檢定，但專為兩個類目所設計的二項式檢定通常會比較準確一點。

（六）越多的類目（在依變項裡）被分析，觀察與期待次數之間的殘差總和就越容易發生統計上的顯著性，即使它並不怎麼重要。研究者有時候把許多類目合併，縮減成幾個較少但仍然具有意義的類目。他們也喜歡看見每個類目裡至少有 5 個人。

模組 3

K-S 檢定（Kolmogorov-Smirnov Test）

獨變項	0
測量的類別	—
類別的數目	—
組別的數目	1
依變項	1
測量的類別	順序
類別的數目	許多
測量時機點	1

一、研究設計

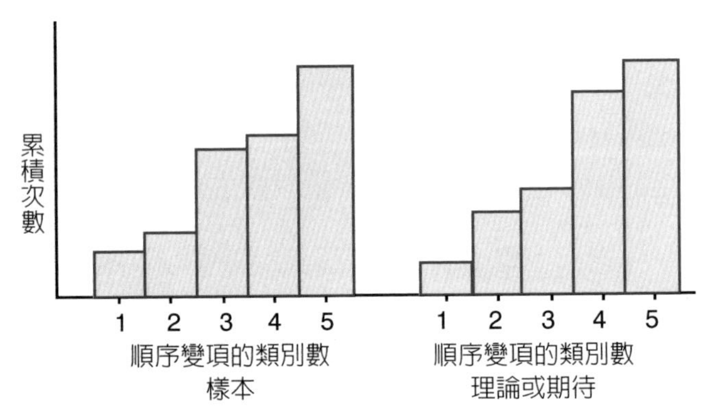

K-S 檢定檢視各個類目的出現次數，並把觀察到的分配拿來與某個理論上所期待的分配做比較。背後的邏輯是概率計算，依變項的測量程度至少具有順序的特性，

因為這個分析檢視累積次數（沿著分數最後會總加至100%）。數據搜集自一組人們（或事物）。依變項上人們（或事物）在每個分數（類目）上的相對數值模式，被拿來與一個事先決定好的假設性模式做比較。與其逐一地在樣本與理論分配之間比較依變項上的每一個類目，K-S檢定使用更有效率的方法，它僅僅指認一個差異最大的類目，並看看這個差異是否大於機率所期待的。

二、主要的統計問題

檢視依變項上樣本與理論分配差異最大的類別，此差異是否大於機率所期待的？

三、會使用 K-S 檢定的研究範例

犯罪學家在一個大城市裡注意到，一天當中車輛失竊案似乎隨著時間的變換而呈現某種模式。舊模式已被相當完善地建立，而要執行 K-S 檢定來看看是否新模式有所改變，或只是一種暫時的隨機性波動。資料記錄搜集自近期發生的 100 個竊案，並與傳統模式做比較。數據如下。

	A.M.						P.M.					
	12-2	2-4	4-6	6-8	8-10	10-12	12-2	2-4	4-6	6-8	8-10	10-12
舊累積比例模式	.36	.39	.40	.43	.45	.50	.51	.57	.65	.76	.90	.100
近期車輛竊案數	12	10	2	1	6	10	15	12	15	13	2	2
累積比例	.12	.22	.24	.25	.31	.41	.56	.68	.83	.96	.98	.100

四、分析

並行類目之間的最大差異，以兩個累積比例之間的差異來看，被稱作 D。進行統計檢定的是 D。此研究裡，觀察與期待次數之間的最大差異，存在於午夜至半夜 2 點時段的類目裡，D 是 0.24。此例裡，D 被發現具有顯著性，這被詮釋爲模式裡的整體差異是顯著的。關於此差異的合理結論，我們可以說，現在半夜的車輛竊案比以前減少了。

五、要考慮的事

（一）因爲它能夠處理這麼多的類別，這個檢定不需要把類目合併縮減至較少的數目，如卡方檢定（參看模組 2）有時候所做。

（二）此處所描述的 K-S 檢定，更正式的說法是 K-S 單一樣本檢定，以便與二樣本版本有所區別。二樣本版本類似獨立樣本 *t* 檢定（參看模組 8），比較的是兩個組，但卻接納順序類別依變項。

（三）因爲 K-S 檢定可以應用於具有順序與更高級測量值的依變項，它有時候用於區間類別依變項，當研究者想要知道是否分配滿足了必要的統計假設。例如：它能夠被用來檢視是否依變項具有「常態分配」。常態分配假設在理論上有著精準的定義，所以能夠使用 K-S 檢定法去檢視是否一份樣本分配符合常態分配假設。

模組 4

單一樣本 *t* 檢定（Single-Sample *t*-Test）

獨變項	0
測量的類別	—
類別的數目	—
組別的數目	1
依變項	1
測量的類別	區間
類別的數目	許多
測量時機點	1

一、研究設計

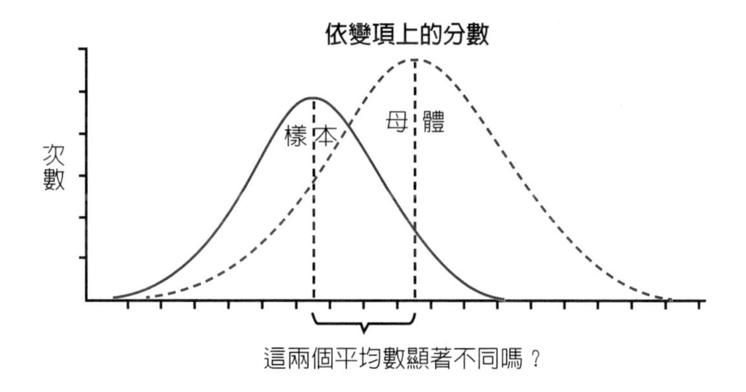

就如同名字那樣，單一樣本 *t* 檢定應用於一組人們（或事物），而你想要知道是否他們與某個假設性的母體有所不同。此處的依變項是區間變項，所以統計的決定奠基於是否樣本平均數足夠接近理論上的母體平均數，而在

樣本裡所見的任何差異很可能歸因於機率。

單一樣本 t 檢定所比較的母體，幾乎總是理論上的母體。也就是說，研究者通常不會只想要知道是否一份樣本，事實上，抽樣自某個母體。更常見的研究問題爲，是否樣本符合研究者所期待的特徵，如果樣本與想像中的母體沒有什麼差異。

二、主要的統計問題

具有這個平均數的樣本，是否隨機抽樣自具有相同平均數的母體？

三、會使用單一樣本 t 檢定的研究範例

花朵產生花粉，散播至花朵間的花粉有助於繁殖。一種特定類別的豆類，依賴蜜蜂來散播花粉。一位植物學家知道這個豆類植物的其中一種（Lathyrus ochroleucus，如果你一定要知道的話），比其他豆類植物更容易繁殖，並且懷疑這是因爲它產生異常多的花粉。使用單一樣本 t 檢定，檢視是否同一個屬裡（相近的種），這個種比其他種產生更多的花粉。依變項是 26 棵這種植物所產生的花粉量（以粒的數目來表達）。這個樣本平均數被拿來與這個屬的一個已知的母體平均數做比較。

四、分析

使用的數據與結果被呈現在下表。

樣本量	樣本平均數	樣本標準差	母體平均數	t	顯著性
26	10,890,000	2,667,000	9,230,000	3.17	$p = 0.002$

Lathyrus ochroleucus 的確比你的日常豆類植物產出顯著的更多花粉。

五、要考慮的事

（一）單一樣本 t 檢定對於報告態度調查的結果是很有用的。一般而言，研究者以一系列的陳述項目來測量態度，這些項目緊跟著 1 = 非常不同意至 5 = 非常同意的選答，或類似的答題形式。具有這類格式的問題被稱作李克氏（Likert-type）項目，以首先建議這種方法的研究者來命名。因爲研究者會想要報告態度是正面或負面，或參與者支持或反對一個立場，統計檢定就需要展示這些項目的樣本平均數，事實上，顯著不同於中間或中立的回答。單一樣本 t 檢定能夠做到這個要求。它比較一個樣本平均數（例如：3.2）與一個理論上的母體平均數（例如：3.0，這是假設性的母體中立分數），並且看看樣本平均數是否高於或低於母體平均數，而因此具有一個正面或負面的態度。

（二）單一樣本 t 檢定不同於被分組至本書次數分析部分的其他分析程序。因爲依變項是區間變項，事實上，被分析的是一個組的平均數，而非不同分數發生的次數。然而，此檢定還是屬於這個部分，因爲就像許多次數分析程序一樣，沒有一個眞正能說出來的獨變項。研究者只感興趣於是否這份單一樣本分數，可能來自於某個理論上的母體。

六、啓發此範例的真實研究

Vonhof, M. J., and Harder, L. D. (1995). Size-number trade-offs and pollen production by papilionaceous legumes. *American Journal of Botany, 82*(2), 230-238.

模組 5

費雪精確檢定（Fisher Exact Test）

獨變項	1
測量的類別	名義
類別的數目	2
組別的數目	1
依變項	1
測量的類別	名義
類別的數目	2
測量時機點	1

一、研究設計

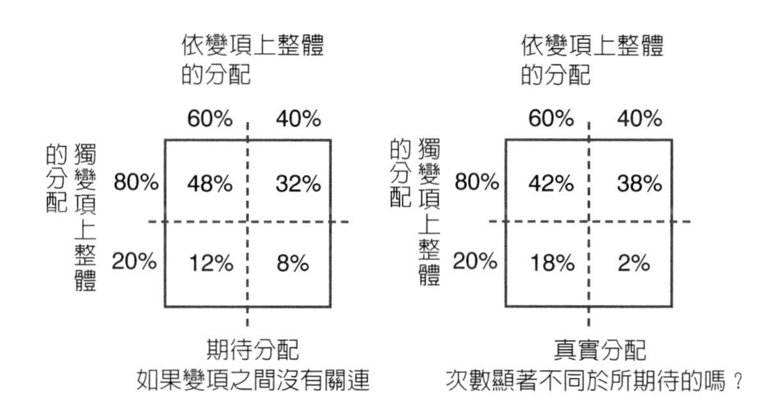

當研究者對兩個名義變項之間的關連感興趣，而這些變項只有兩個類別時，就可以使用費雪精確檢定。畫出一個 2×2 的列聯表，有著四個方格或細格（cell）。一個變項的兩個類目定義了兩欄，而另一個變項的兩個類目定義了兩列。所有的參與者一定要屬於其中一個並且只能在一個細格裡。如果一個變項上的分數不影響另一個變項上的分數，那麼列裡面每一個細格的人數只會奠基於相關欄裡剛好落入那個類目的整體人數。在期待比例裡的任何差異會被執行統計檢定。

二、主要的統計問題

如果兩個變項之間沒有關連，觀察到的差異不同於所期待的嗎？

三、會使用費雪精確檢定的研究範例

在我們的二項式檢定（參看模組 1）範例裡，我們知道猜謎遊戲在秘魯山區兒童間的受歡迎程度。研究者也可能感興趣於講謎語的能力與在課堂上回答謎語之間的關連。名義獨變項是講謎語的能力（高能力或低能力），而名義依變項是當被問謎語時學生的感受（焦慮或不焦慮）。因為兩個變項都是有著兩個類別的名義變項，所以適用費雪精確檢定。

四、分析

有著 30 位孩童在研究裡，並且奠基於樣本裡發現的說謎語能力與焦慮傾向的整體各自分配，一個期待次數表格能夠與觀察到的次數進行比較。兩個表呈現如下。

	期待的次數	
	33% 感到焦慮	67% 不感到焦慮
43% 很會說謎語	4（14%）	9（29%）
57% 不怎麼會說謎語	6（19%）	11（38%）

	真實次數	
	33% 感到焦慮	67% 不感到焦慮
43% 很會說謎語	7（23%）	6（20%）
57% 不怎麼會說謎語	3（10%）	14（47%）

組成費雪精確檢定的算術發現，如果兩者之間沒有關連，那麼存在至少這麼大的差異量只有 4.5% 的機率，$p = 0.045$。所以，似乎會講謎語的比那些不怎麼會說謎語的，在課堂回答謎語時，感到更多的焦慮。

五、要考慮的事

（一）此處，費雪精確檢定的組別數爲 1，因爲研究設計從一組人們搜集數據，然後在名義獨變項與依變項上，把他們分類至不同的類別裡。然而，把此分析想像成兩個組別也是合理的，因爲獨變項上的不同類目形成了兩組互相獨立的人們。事實上，獨變項能夠很容易地成爲實驗或比較組，然後這種設計就會看起來很像傳統的組別比較設計。

（二）大部分的統計程序，計算一個統計值（例如：一個相關係數、t、F 或卡方），然後拿它來與某個臨界值做比較，進而決定它的 p 值或機率。費雪精確檢定的做法有點不同，它直接計算精確的 p 值。這也就是爲何它被稱作費雪精確檢定的原因。

六、啓發此範例的真實研究

Bolton, R. (1977). Riddling and responsibility in highland Peru. *American Ethnologist, 4*(3), 497-516.

模組 6

雙向卡方（Two-Way Chi-Squared）

獨變項	1
測量的類別	名義
類別的數目	2+
組別的數目	1
依變項	1
測量的類別	名義
類別的數目	2+
測量時機點	1

一、研究設計

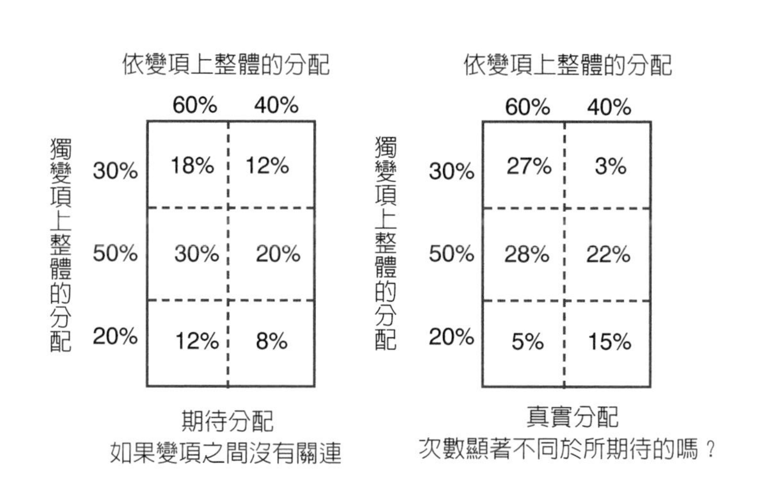

當研究者有兩個名義變項，任何的類目數目，並且想要知道是否它們之間有關連，就可以使用卡方分析。數據

搜集自一組人們，而每一個變項上的每一個類目裡的人數被計算，並且放在一個表格裡。因爲這個表提供了被分析的數據，雙向卡方程序也被稱爲列聯表分析（contingency table analysis）。一個變項上的類目定義了欄，而另一個變項上的類目定義了列。參與者必定只屬於其中一個細格。如果一個變項上的分數不影響另一個變項上的分數，那麼列裡面每一個細格的人數應該只奠基於恰巧落入相關欄裡那一個類目裡的整體人數。在期待比例裡的任何差異，會被進行統計檢定。

二、主要的統計問題

一個變項上人數的分配，依賴他們在另一個變項上的位置嗎？

三、會使用雙向卡方分析的研究範例

一位在洋芋片公司任職的研究者想要知道，與傳統口味比較下，是否客戶比較喜歡新的檸檬口味洋芋片。即使過去執行了許多像這樣的口味測試，研究者也想要檢定關於口味測試的假設。品嚐的順序是否影響了你的喜好傾向？爲了這個研究，兩個名義類別變項被選定。一個變項是洋芋片偏好（傳統、檸檬或無偏好），而另一個變項是哪一種口味被最後品嚐（每一個類目皆被指派一半的參與者）。一百位雜貨店顧客參與了這項研究。如果品嚐的順序沒有影響力，那麼偏好傳統或檸檬口味的人數應該一樣，不論何種洋芋片被最後品嚐。

四、分析

整體偏好為 40% 傳統、38% 檸檬而 22% 無偏好。顧客並沒有真正偏好何種口味的洋芋片。進一步發現，人們傾向於喜歡最後品嚐的洋芋片。研究的列聯表呈現如下。

	期待的次數		
	傳統 40	檸檬 38	無偏好 22
50 最後品嚐傳統	20	19	11
50 最後品嚐檸檬	20	19	11

	真實的次數		
	傳統 40	檸檬 38	無偏好 22
50 最後品嚐傳統	28	12	10
50 最後品嚐檸檬	12	26	12

奠基於期待與真實次數之間的差異，計算出來的卡方值為 11.74，顯著於 $p = 0.003$。

五、要考慮的事

（一）雙向卡方檢定有時候被稱為列聯表分析，因為類目數據被布局成列與欄以便分析。在統計軟體裡（像是 SPSS*），此檢定經常在「交叉表」選項裡被發現。

（二）一個 Phi 相關係數（參看模組 26），指出兩個名義變項間關連的強度。它很常與雙向卡方分析一起被報告。

（三）雖然雙向卡方檢定能夠應用於只有兩個類目的兩個變項上，費雪精確檢定（參看模組 5）通常更爲正確。尤其，費雪精確檢定對小於 40 的樣本量會表現得更好，特別是當一些細格包含很少的人數時。

（四）如同費雪精確檢定那樣，研究者能夠把這個分析想成不只一個組（每個變項的每一個細格能夠被想成一個組）。然而，雙向卡方檢定通常是用來檢視搜集自一份樣本裡兩個變項的關連。這兩個變項剛好處於名義類別。

六、啓發此範例的真實研究

Alfaro-Rodriguez, H., Angulo, O., and Mahoney, M. (2007). Be your own placebo: A double paired preference test approach for establishing expected frequencies. *Food Quality and Preference, 18*, 353-361.

*SPSS 是 International Business Machines Corporation 的一個註冊商標。

REPORT
ANNUAL

組別比較

比較不同組的人們是一個受歡迎的研究策略。就是在一個獨變項上，創造代表不同類別（或數值或分數）的組別。同組的每一個人，在獨變項上有著相同的分數。所以，如果組別在某個依變項上有所不同，那麼這就告訴我們，獨變項與依變項是有關連的。

許多耳熟能詳的統計，像是 t 檢定與變異數分析，比較組別平均數來決定顯著性。那些比較平均數的統計技術，需要假設依變項是區間變項且在母體裡是常態分配，才能運作良好。這也就是為何它們能夠如此準確與強大的原因。我們並不打算談論所有的適用非區間類別依變項的組別比較統計技術。然而，存在許多無母數（nonparametric）組別比較統計技術，它們適用名義與順序依變項，而它們會被囊括在這個部分裡，與那些更令人熟知的平均數比較法一起被討論。

模組 7

曼—惠尼檢定（Mann-Whitney Test）

獨變項	1
測量的類別	名義
類別的數目	2
組別的數目	2
依變項	1
測量的類別	順序
類別的數目	許多
測量時機點	1

一、研究設計

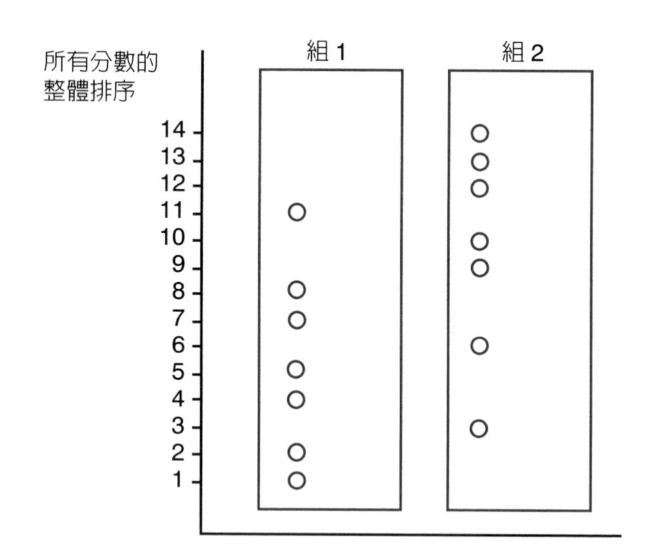

當兩組人們（或事物）在相同的順序類別依變項上被比較時，最常使用的是曼—惠尼檢定。組別或類目被用來比較，這使得獨變項是名義變項。分析基於被分析分數從最小排到最大的順序。然後，每一個組別裡被分派到的順序等級（例如：1、2、3 等等，並非真實分數本身）被總加並比較。

二、主要的統計問題

兩組的等級總和有差異嗎？

三、會使用曼—惠尼檢定的研究範例

研究者想要了解，照護中心所提供的「老年健康促進計畫」所提供的服務，一天有好幾次，一週有好幾天，並且持續好幾個月。經常參與者與沒有經常參與者的差異在哪裡？在獨變項方面，兩組參與者被指認——那些相對參與較少計畫服務的人（118 位夥伴），以及那些參與許多計畫服務的人（這組有 29 人）。感興趣的依變項是母體裡常見的功能性健康指標——爬兩段樓梯的能力。參與者在此研究裡使用爬樓梯能力自我報告量表，只有一個題項，越高分指出爬樓梯方面越有困難。研究者判定這是順序類別變項，所以分數被賦予等級。

四、分析

想像一下，此研究的結果看起來如下：

獨變項	數目	平均等級	等級總和
低參與者	118	78.42	9,253.56
高參與者	29	56.03	1,624.87

Wilcoxon's W = 1,624.87, $p \leq .01$

研究者總結，因爲低參與者具有顯著較高的平均等級，所以他們在爬樓梯方面會有較多的困難。也許是他們的低能力，使他們不想參與計畫所提供的服務課程。

五、要考慮的事

（一）除了報告 Wilcoxon's W（較小組裡的等級總和），經常被計算的是曼—惠尼 U 和與其有關的顯著水準。要計算 U，首先要先指認最小的組（以樣本量而言）。爲在那一組裡的每一個分數，計算另一組裡較小分數的數目。任何在較大組裡的分數，等於較小組裡的分數，就被指派半點（half of a point）。那個最小組裡的每一個分數會有計數產生。U 是所有那些計數的總和。

（二）如果獨立樣本 t 檢定（參看模組 8）被考慮，但研究者不確定是否依變項應該被考量爲區間變項，那麼曼—惠尼檢定就是最佳的替代選擇。

（三）當給分數指派等級時，可能會遇見許多的同分值。如果有兩個以上的同分值，曼—惠尼程序會指派這些分數一個平均等級。例如：等級 1 至 13 皆被指派，而下兩個原始分數是同分值，可得的等級是

14與15，那麼平均等級就是14.5。所以，14.5就被指派給這兩個分數，而下一個分數會得到等級16。

（四）因爲這三個人Mann、Whitney以及Wilcoxon，都各自提及了這個統計檢定。爲了公平起見，這個方法可能要被稱爲Wilcoxon-Mann-Whitney test（威寇森－曼－惠尼檢定）。有時候，這個程序被冠以威寇森等級總和檢定（Wilcoxon rank sum test）。

六、啓發此範例的真實研究

Watkins, A. J., and Kligman, E. W. (1993). Attendance patterns of older adults in a health promotion program. *Public Health Reports, 108*(1), 86-90.

模組 8

獨立樣本 t 檢定（Independent t Test）

獨變項	1
測量的類別	名義
類別的數目	2
組別的數目	2
依變項	1
測量的類別	區間
類別的數目	許多
測量時機點	1

一、研究設計

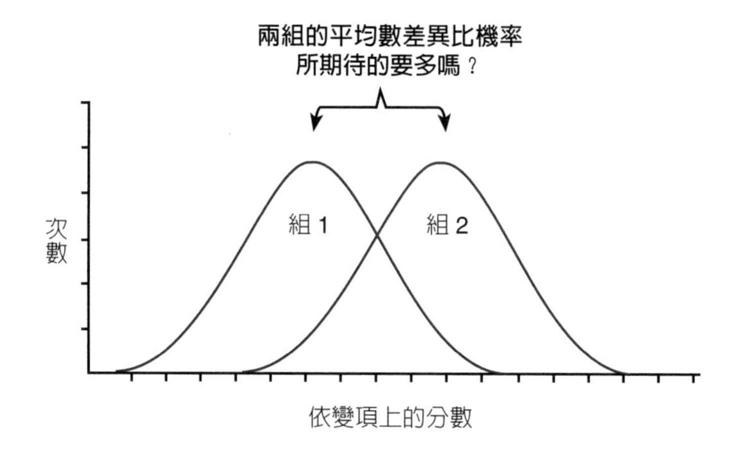

當兩組不同的參與者（或事物），在同一個依變項上被比較時，就可以考慮常用的獨立樣本 t 檢定。因爲是組別或類目被用來比較，所以獨變項是一個名義類別變項。

二、主要的統計問題

這兩組的平均數具有顯著差異嗎？

三、會使用獨立樣本 t 檢定的研究範例

六十瓶紅酒被隨機分派至兩個組別。一組儲存在冰箱裡一個月；另一組置於室溫一個月。然後，兩組皆被帶至室溫環境下，讓一組紅酒專家品嚐。依變項是這些專家在 1 至 10 量尺上所評斷的分數。

四、分析

爲了執行一項獨立樣本 t 檢定，假設此項研究產生了以下的數據：

	樣本量	平均評分	標準差
組 1：冰箱	30	8.03	1.77
組 2：室溫	30	7.07	1.60

統計分析會產生一個「觀察到的」t 值爲 2.22，並伴隨著一個 0.03 的機率。0.03 低於設定的 $p = 0.05$。所以，兩組的平均數差異大於機率所期待的。儲存在冰箱裡的紅酒比較好喝，所以把紅酒（或至少是研究裡使用的那種紅酒）冰起來儲存是合理的。

五、要考慮的事

（一）t 檢定是變異數分析（參看模組 11）的一種特別型態。所以說這個程序如同變異數分析是可以的。它是只有兩組的變異數分析。如果你執行一項變異數分析於兩組研究設計，你會在統計顯著性上得到相同的結果。變異數分析產生的 F 值是獨立樣本 t 檢定所產生 t 值的平方。

（二）如果你對依變項是不是「眞正」位於區間或比率類別有疑慮，可以考慮使用無母數方法像是雙向卡方檢定（參看模組 6），或曼－惠尼檢定（參看模組 7）。

（三）比較平均數的統計分析，通常假設每一組裡分數的變異差不多相等。有方法可以判定等變異假設〔例如：勒溫變異數同質性假設檢定（Levene's test for homogeneity of variance）〕。如果結果指出變異很不相等，有不需要等變異假設的 t 檢定程序。

（四）此範例裡所報告的 p 值爲雙尾，這意謂著任一個方向的顯著差異都可以被視爲有意義的。大部分的研究者關注的是雙尾 p 值。

（五）獨立意謂著兩組具有相互獨立性。不同的人們（或事物）產生兩組分數，並且他們彼此之間在任何具有意義的點上互不關連。我們也使用術語獨立來談論研究設計的獨變項，但不要被混淆了。

模組 9

中位數檢定（Median Test）

獨變項	1
測量的類別	名義
類別的數目	2+
組別的數目	2+
依變項	1
測量的類別	順序
類別的數目	許多
測量時機點	1

一、研究設計

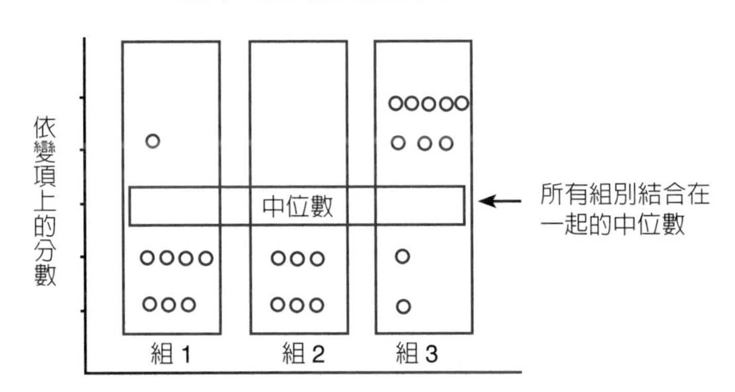

當兩組或更多組別的人們（或事物）在相同的順序類別依變項上被比較時，就可以使用中位數檢定。因爲組別

或類目被用來做比較，所以獨變項就是名義類別變項。

二、主要的統計問題

中位數是處於一組分數裡中點位置的分數。比中位數大和比中位數小的分數數目是一樣的。組別在中位數的比較上有顯著不同嗎？

三、會使用中位數檢定的研究範例

96 位澳洲大學生被詢問有關現今高失業率的原因。獨變項是名義變項，也就是他們所屬的政黨（保守、勞工或自由）。一個特定問題被用來當作分析的依變項：你同不同意現今的失業率肇因自失業者的低動機？因爲不清楚是否答題選擇（1= 強烈不同意至 5= 強烈同意）眞的屬於區間類別，並且單一題項被用來當作依變項（這很難會呈現常態分配），所以爲了安全起見，研究者決定把依變項視爲順序變項。假設是保守黨成員比較會把低動機視爲失業的原因之一。

四、分析

使用所有研究參與者的整體中位數〔把它想成總中位數（grand median）〕，並把在每一組裡的人們歸類至中位數之上或之下（事實上，小於或等於），用這個方式來呈現中位數檢定分析的結果。如果組別沒有在依變項上呈現顯著差異，每一組裡的分數落入中位數之上或之下的比例應該差不多一樣。想像結果看起來如下表：

	中位數之上	小於或等於中位數
保守	30	6
勞工	17	13
自由	18	12

註：所有組別合起來的整體中位數是 3。

假設結果具有統計上的顯著差異（並且此數據的 p 值是 0.04），那麼研究者能夠總結，保守黨成員比較會把低動機視爲影響失業率的一個因子。

五、要考慮的事

（一）因爲中位數檢定比較不同類目裡分數的次數（中位數之上或之下），背後的數理與卡方分析相同。

（二）統計書籍有時候把中位數檢定描述成，只適用兩組研究設計的統計技術，但它能夠被輕易地用於多於兩組的情況。事實上，當只有兩個組別時，曼－惠尼檢定可能比中位數檢定要好，因爲它比較準確。

（三）中位數檢定的稱呼讓統計學家會想把 t 檢定或變異數分析稱爲平均數檢定。

六、啓發此範例的真實研究

Feather, N. T. (1985). Attitudes, values, and attributions: Explanations of unemployment. *Journal of Personality and Social Psychology, 48*(4), 876-889.

模組 10

克一瓦檢定（Kruskal-Wallis Test）

獨變項	1
測量的類別	名義
類別的數目	2+
組別的數目	2+
依變項	1
測量的類別	順序
類別的數目	許多
測量時機點	1

一、研究設計

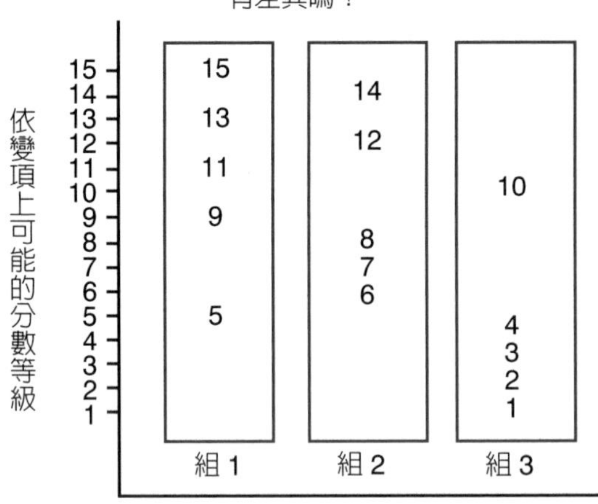

當兩組或更多組別的人們（或事物）在相同的順序類別依變項上被比較時，就可以使用克一瓦檢定。因為組別

或類目被用來做比較，所以獨變項就是名義類別變項。策略是把所有在依變項上的分數排序並賦予一個等級，然後再把這些等級丟入由獨變項所定義的不同組別或類目。使用統計來比較每一個組裡的等級總和。

二、主要的統計問題

這些組在它們的等級總和上具有差異嗎？

三、會使用克—瓦檢定的研究範例

在我們所討論的曼—惠尼檢定章節裡（參看模組7），我們談到一項關於老人健康促進服務的研究。在那項研究裡的一個研究問題，涉及一個有著四個類目的名義獨變項，以及一個順序類別依變項，所以克—瓦分析被執行。獨變項是參與程度，分成四個程度（低參與、有時候參與、常參與以及高參與）。依變項是社會隔離指標，指標的總分來自於關於寂寞與社會互動等等方面的八個題項。研究涉及176個人。

四、分析

此分析裡所使用的大部分數值無法在此呈現，但所有社會隔離指標的176個分數被排序，從1排到176，而這些等級被分類至四種參與度類目裡。使用克—瓦公式分析四個組別的等級總和。產出的數值是一個「KW」、9.78，對這個樣本量而言，顯著於 $p \leqq 0.01$。那些參與度較低的人，在社會隔離指標上具有較高的分數。

五、要考慮的事

（一）克－瓦檢定、KW，有時候以卡方來報告，因爲研究者比較熟悉這種做法。雖然它們是不同的數值，並且具有不同的伴隨機率。克－瓦分析很容易轉換成相等的卡方值。在電腦軟體被發明之前，查閱卡方檢定的臨界值要比克－瓦分析簡單，所以這個轉換就變得普遍。

（二）請注意在範例研究裡，如果獨變項眞的優於名義類別，它就是順序。如果研究者分析的是參與度與社會隔離之間的關係，而不是組別之間的差異，那麼史匹爾曼相關係數（參看模組 25）會是「適用」的統計。

（三）克－瓦法是變異數分析（參看模組 11）的一個很棒的替代選擇。當你沒有百分百確定你的依變項是區間變項，或母體分配不是常態時。

（四）克－瓦檢定的研究設計與適合中位數檢定（參看模組 9）的設計是一樣的。然而，中位數檢定沒有完全利用所有數據裡可得的等級訊息，因爲分析只奠基於每一個分數是不是在總中位數之上或之下。如果你的順序變項能夠沿著其全距被有意義地等級化，克－瓦法就比較好，因爲它使用了所有排序資訊。統計學家把利用比較多訊息的統計視爲更爲強大的技術，因而克－瓦檢定比中位數檢定更爲強大。

六、啟發此範例的真實研究

Watkins, A. J., and Kligman, E. W. (1993). Attendance patterns of older adults in a health promotion program. *Public Health Reports, 108,* 86-90.

模組 11

變異數分析（Analysis of Variance）

獨變項	1
測量的類別	名義
類別的數目	2+
組別的數目	2+
依變項	1
測量的類別	區間
類別的數目	許多
測量時機點	1

一、研究設計

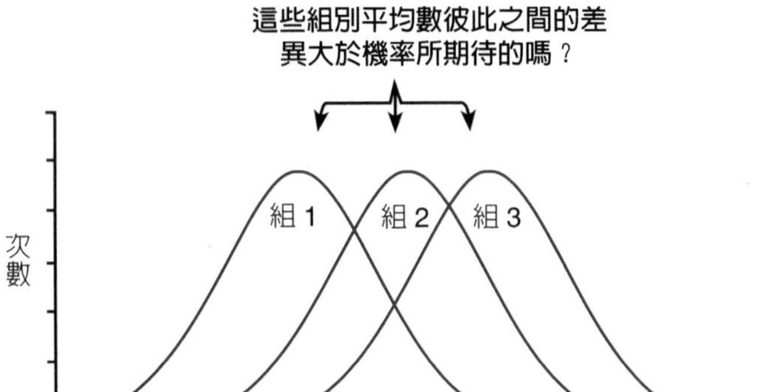

當許多組的人們（或事物）在相同的依變項上被比較時，就適用變異數分析。名義獨變項能夠有許多的類別，所以多於兩組能夠同時被比較。因爲依變項是區間變項，所以每組分數的平均數被用來進行統計分析。這種設計在實驗研究裡非常普遍，此處不同組別的人接受不同的治療、藥品或介入，而研究者想要比較它們的效果。當人們在自然形成或不是研究者所指派方式的不同組別裡，它也可以被使用。

二、主要的統計問題

這些組別平均數具有顯著差異嗎？

三、會使用變異數分析的研究範例

有三種數學教學法，一位教育研究者想要了解何者最有效。53 位四年級生被隨機分派至三間教室，接受一星期的應用題解題訓練。名義獨變項是三種教學法——只使用教科書、使用傳統教學法以及使用一種涉及解題標準步驟的新方法。區間依變項是十題數學測驗上的表現（可能得到的分數從 0 到 10）。

四、分析

使用變異數分析來分析數據，比較數學測驗上的三個平均分數，看看差異是不是機率就可以充分作為解釋。

此數據所產出的 F 值是 4.28，$p = 0.02$，有顯著差異。事後的獨立樣本 t 檢定發現，只有新方法與只使用教科書這兩者之間具有顯著差異。

	樣本量	平均數	標準差
只使用教科書	19	7.53	0.51
傳統教學法	19	7.79	0.85
新方法	15	8.20	0.56

五、要考慮的事

（一）當研究者只有兩個組別要被比較時，用變異數分析或獨立樣本 t 檢定（參看模組 8）都可以。兩者在統計顯著性方面，都會提供同樣的結果。事實上，從變異數分析所得到的 F 值，開根號之後，就得到從獨立樣本 t 檢定計算得來的 t。

（二）因爲變異數分析只告訴我們是否組別之間有差異，所以常使用事後分析來看看差異存在何處。這些事後檢定被稱爲 post hoc（拉丁文「在這之後」之意）分析（事後分析），並且是一系列的 t 檢定。如果有許多的事後比較要做，而研究者擔心一些比較會僅僅因爲機率而產生顯著性，那麼低於 0.05 的顯著水準就會被選擇。

（三）數學上而言，變異數分析沒有組數的限制。然而，實務上，大部分的研究設計只有少數幾個組別要進行比較。這是因爲大部分的研究問題只想要比較少數幾個組別，並且眞實世界的研究往往不能在衆多組別的情況下，獲取足夠大的樣本來執行有意義的分析。

（四）變異數分析的常見縮寫是 ANOVA。這是一個奇怪的縮寫（它應該縮寫爲 AoV），而每個字母都大寫也顯得有點怪。這是因爲 ANOVA 源自於舊時代執行此分析的電腦程式名稱。這也就是爲何共變數分析（參看模組 13）被縮寫爲 ANCOVA，而多變量變異數分析（參看模組 14）被縮寫爲 MANOVA。

六、啓發此範例的真實研究

Hohn, R. L., and Frey, B. (2002). Heuristic training and performance in elementary mathematical problem solving. *Journal of Educational Research, 95*(6), 374-380.

模組 12

雙向變異數分析（Two-Way Analysis of Variance）

獨變項	2
測量的類別	名義
類別的數目	2+
組別的數目	2+
依變項	1
測量的類別	區間
類別的數目	許多
測量時機點	1

一、研究設計

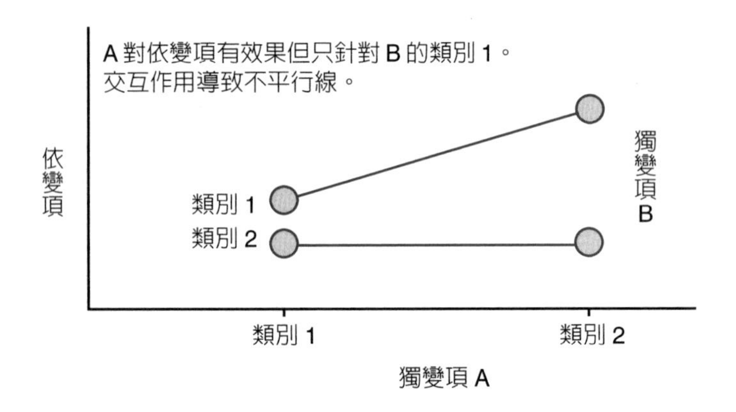

當不同組的人們（或事物）在相同的區間依變項上進行比較時，雙向變異數分析就適用。它與常規變異數分析不同，因爲要處理兩個獨變項，而不是一個。雙向意指兩個獨變項。除了看看是否依變項爲了任何一個獨變項而改變，雙向變異數分析也可以用來檢視一個獨變項與結果的關係，條件是你在另一個獨變項上位於哪個類別。這種現象也就是一個獨變項的效果，端賴另一個獨變項，被稱爲交互作用（interaction）。交互作用看圖就能一目了然。如果你在依變項上爲每一組點出平均數，並且把這些點連接起來，你會得到兩條線，這兩條線呈現每一個獨變項的效果。如果兩條線沒有平行，就存在交互作用。

二、主要的統計問題

（一）對任一個獨變項而言，組別平均數顯著不同嗎？

（二）一個獨變項對依變項產生的效果，會因爲另一個獨變項而產生差異嗎？

三、會使用雙向變異數分析的研究範例

腰圍很大是慢性病與其他健康問題的風險因子。研究者知道，5 至 12 歲的孩童在腰圍上有小的性別差異，並且與年紀的關連小。一般而言，較大的孩童傾向於擁有大一點點的腰圍。這些差異本身沒有大到令人感到興趣。然而，他們想要知道，兩者之間是否有交互作用。換句話說，性別所造成的差異會隨著年紀而有所不同嗎？反過來說，年紀與腰圍之間的關係有著性別上的差異嗎？爲了找出答案，他們搜集數據並測量了 179 位孩童的腰圍。

四、分析

用於雙向變異數分析的數據被呈現在此處。兩個年紀組被用來當作獨變項（5-8 歲，9-12 歲），而性別是另一個獨變項。腰圍以公分來測量並且當作依變項。

雙向變異數分析的一部分是要檢定是否交互作用具有統計顯著性。對此分析而言，存在顯著交互作用（F = 5.22，p = 0.03）。性別差異在較小的年紀比較大，但傾向於隨著年紀變大而消失。這也就是爲何只考慮其中一個獨變項的分析，不經常發現顯著結果的原因。

		腰圍	
		平均數	標準差
男孩	年紀小	63.08	5.50
	年紀大	64.10	5.58
女孩	年紀小	64.06	7.20
	年紀大	64.41	8.07

五、要考慮的事

（一）當有兩個名義獨變項時，就可以使用雙向變異數分析來找交互作用。

（二）常規變異數分析有時候被稱爲單向變異數分析，因爲它只使用一個獨變項。

（三）數學上，我們可以使用許多的名義獨變項，並且進行三向變異數分析，或四向或更多。然而，超過三個獨變項的分析，會使執行與解釋這些分析變得困難。就算只談論三個獨變項，也不是一項輕鬆的工作。

（四）統計術語交互作用與我們談論的藥物交互作用是同一件事。一種藥物對你的效果，要看另一種藥物在你體內的量有多少，這就存在藥物交互作用。

六、啓發此範例的真實研究

Ghosh, A., Chatterjee, D., Bandyopadhyay, A. R., and Chaudhuri, A. B. D. (2006). Age and sex variation of body mass index and waist circumference among the Santal children of Tharkhand, India. *Anthropologischer Anzeiger, 64*(1), 83-89.

模組 13

共變數分析（Analysis of Covariance）

獨變項	1
測量的類別	名義
類別的數目	2+
組別的數目	2+
依變項	1
測量的類別	區間
類別的數目	許多
共變項	1
測量的類別	區間
類別的數目	許多
測量時機點	1

一、研究設計

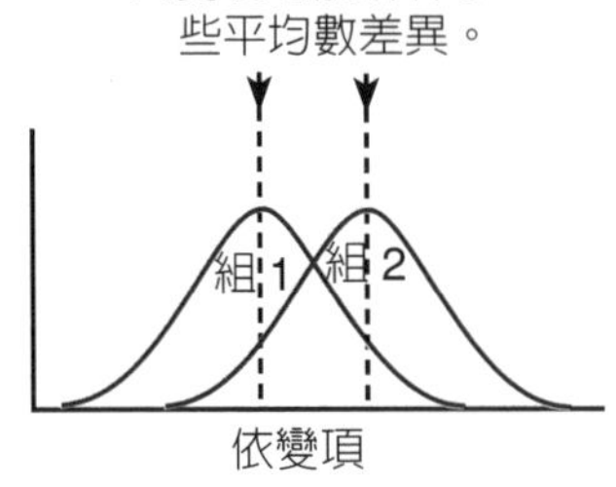

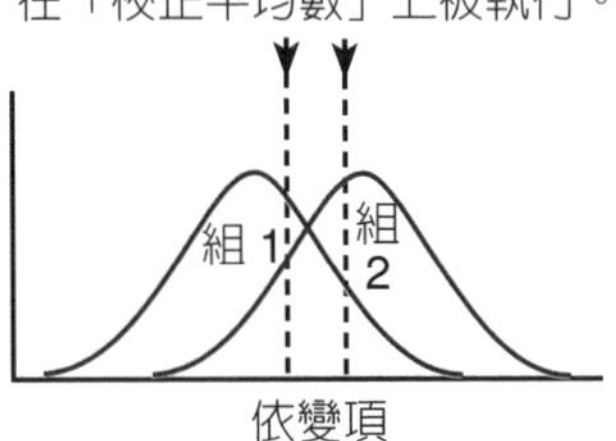

共變數分析在本書裡是獨特的，因爲研究設計涉及第三種既不是獨變項也不是依變項的變項。在本章開頭摘要表裡的共變項類目，是研究者相信與依變項有關的一個變項，而研究者想要把它控制住。以統計手段控制一個變項，意謂著校正結果到它們應該可能的樣子，如果所有參與者都在那個變項上相等的話。共變數分析的設計類似於變異數分析（參看模組 11）的設計，只有一個名義獨變項與一個區間類別依變項。除此之外，存在一個區間類別共變項。此分析使用共變項與依變項之間的相關訊息（correlational information）來預測有共變項的情況下，依變項分數應該會是怎麼樣，並計算出預測的組別平均數。任何剩下的差異被假設歸因於獨變項，而研究者在那些新的校正過的組別平均數上，進行常規變異數分析。

二、主要的統計問題

校正過的組別平均數彼此之間具有顯著差異嗎？

三、會使用共變數分析的研究範例

有甲狀腺疾病的男性與女性，在疾病如何影響其眼睛健康上有所差異。許多甲狀腺病患有鼓起的眼球，被稱爲葛瑞夫茲氏眼病變（Graves' disease）。一位醫生設計了一項研究，以性別（男性或女性）爲名義獨變項，而以葛瑞夫茲氏眼病變嚴重程度指標爲區間類別依變項。此研究裡總共有 101 位帶有眼病變的甲狀腺患者，而最初的分析確實發現了差異，結果是男性在眼病變指標的得分上較高

（$F = 11.76, p < 0.001$）。研究者注意到，研究裡的男性比女性年紀要大（53.8 歲比 48.2 歲），並且擔心年紀可能會是組別差異的一個替代解釋。一般而言，年紀較大的人們可能會有更糟的症狀。所以，執行共變數分析來控制年紀因子，一個區間類別變項，並把它當作共變項。

四、分析

年紀與眼病變指標之間的相關結果為 0.37（$p < 0.01$），所以它是一個很好的共變項候選者。這個相關被用來校正這些平均數至它們可能應該的樣子，如果年紀沒有在組別差異裡扮演任何角色的話。最初的變異數分析數據被呈現，伴隨著用於共變數分析裡的校正平均數。

		眼病變指標		
獨變項	樣本量	平均數	標準差	校正平均數
女性	81	0.89	0.22	0.85
男性	20	0.70	0.22	0.71

比較校正平均數的共變數分析，也產生一個顯著 F（$7.34, p < 0.01$）。即使控制住了年紀因子，男性還是傾向於擁有更嚴重的葛瑞夫茲氏眼病變。

五、要考慮的事

（一）因為研究者相信共變項影響了依變項，所以從這個觀點而言，把共變項標籤化為獨變項[譯註1]是有其理由的。一些教科書與網站確實這麼做。你可以把共變項想成是你想要從分析裡移除的獨變項，而盡可能地排除其對結果的解釋權。

（二）如果共變項無關於依變項，或獨變項的組別在共變項上沒有差異，就沒有理由執行共變數分析。

（三）一個強大的組別設計，消弭了控制共變項的必要性。藉由隨機分派參與者至獨變項的類別（不同組別），所有潛在的共變項很可能在組別間被平等化。至少，那就是假設的情況。

六、啟發此範例的真實研究

Perros, P., Crombie, A. L., Matthews, J. N. S., and Kendall-Taylor, P. (1993). Age and gender influence the severity of thyroid-associated ophthalmopathy: A study of 101 patients attending a combined thyroid-eye clinic. *Clinical Endocrinology, 38*(4), 367-372.

譯註1：從另一個觀點而言，共變量（covariate）是從研究參與者身上測量得來的數據，所以比較類似於研究的依變項，但發揮的功能卻與依變項不同。

模組 14

多變量變異數分析
（Multivariate Analysis of Variance）

獨變項	1
測量的類別	名義
類別的數目	2+
組別的數目	2+
依變項	2+
測量的類別	區間
類別的數目	許多
測量時機點	1

一、研究設計

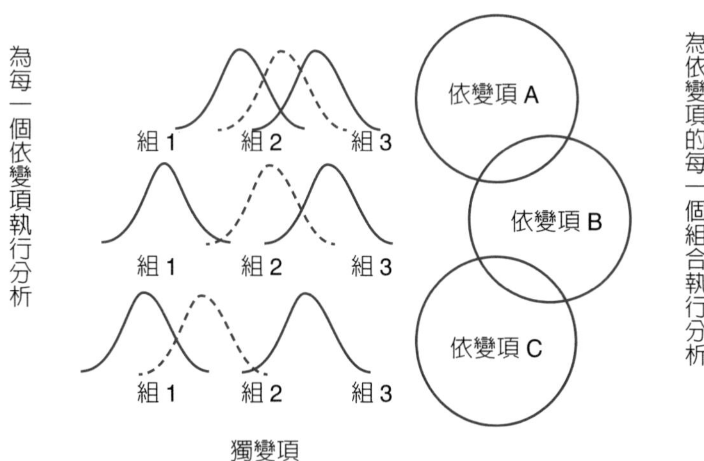

當分組的人們（或事物）在不只一個區間依變項上被比較時，就可以使用多變量變異數分析。分析程序同時執行幾個統計檢定。首先，它看看任何依變項上的變異數分析是否會有顯著性，並把所有那些變異數分析的結果呈現出來。再來，它也告訴我們，是否這些依變項的任何線性組合（linear composite）在組間具有顯著差異。因爲依變項可能彼此會有關連，並且有某個未被測量的共同變項，所以那個「潛在（latent）」（隱藏版）變項，也在組間被比較。

二、主要的統計問題

（一）對任何一個依變項而言，組別平均數具有顯著差異嗎？

（二）組別在任一個依變項組合上具有顯著差異嗎？

三、會使用多變量變異數分析的研究範例

祖父母與父母經常在祖父母家庭角色上有著不同的觀點。在非裔美國人家庭裡，祖父母傳統上扮演了重要的角色，所以上述也許是眞實情況。大約 200 位黑人祖父母與 125 位黑人父母（彼此之間互不關連）被調查，看看是否在三個議題上具有差異：滿足（祖父母滿足於他們在家庭裡的角色嗎？）、挫折（祖父母在與孫子的相處上感到挫折嗎？），以及教養（祖父母有教導孫子應該有的行爲嗎？）。此研究有一個獨變項（世代），這是一個名義

類別獨變項（祖父母與父母），並且有三個區間類別依變項。

四、分析

三個依變項上兩組的分數被呈現（SD = 標準差）在下表：

	滿足		挫折		教養	
	平均數	SD	平均數	SD	平均數	SD
父母	3.43	0.44	3.34	0.61	3.48	0.60
祖父母	3.24	0.47	3.21	0.62	3.57	0.53

把一些沒有呈現在此處的數據考慮進去，像是依變項間的相關，多變量 F 是 6.57，顯著於 0.001 的顯著水準。這表示在這些依變項的某處發現了差異。後續的變異數分析發現，祖父母對於自己所扮演的家庭角色滿足度比父母想像中的要低（$F = 7.42, p \leqq 0.001$），但在與孫子相處上的挫折感沒有父母想像中的嚴重（$F = 4.23, p \leqq 0.001$）。在教養議題上沒有發現顯著差異（$F =1.89, p \leqq 0.17$）。

五、要考慮的事

（一）多變量變異數分析同時執行幾個變異數分析（參看模組 11）。這類比於變異數分析同時執行幾個獨立樣本 t 檢定（參看模組 8）。

（二）使用變項間重疊之處爲一個變項的複雜概念，也被用於典型相關（canonical correlation）（參看模組34）。此處，預測變項的線性組合與準則變項的線性組合之間可能彼此相關。

（三）多變量變異數分析有一長串的後續檢定。如果多變量變異數分析 F 是顯著的，那麼後續的變異數分析就被執行，看看是哪個依變項有著組別差異。對於那些具有顯著 F 值的變異數分析，後續獨立樣本 t 檢定被執行，以便定位特定組別之間的顯著差異。

（四）如果依變項之間沒有關連，並且在概念上是獨立的，執行多變量變異數分析就顯得沒什麼價值。研究者也可以進行一系列分開的變異數分析，因爲它們比較容易詮釋。

六、啓發此範例的真實研究

Strom, R., Strom, S., Collinsworth, P., Strom, P., and Griswold, D. (1996). Intergenerational relationships in black families. *International Journal of Sociology of the Family, 26*(2), 129-141.

第三部分

重複測量分析

重複測量分析涉及比較人們（或事物）在相同變項上被測得不只一次的分數。本部分探討決定名義、順序或區間依變項重複測量分數間顯著差異或改變的程序。

有三種使用重複測量分析的情況：

❶ 人們在一個依變項上被測量。橫跨時間，或我們在其身上做了什麼，然後他們在相同的依變項上再次被測量，使用完全相同的測驗或工具。有時候，他們被測量了不只兩次。研究者感興趣於是否測量時機點之間的分數有所改變。這是一種「前測後測」設計。

❷ 人們於某個條件或背景下的一個依變項上剛被測量一次。然後，他們被置放在一個不同的條件下，於相同的依變項上再次被測量，使用完全相同的測驗或工具。有時候，他們被測量的背景不只兩種。任何的差異不被視為是時間改變所造成的，而被視為不同條件對依變項上所造成的效果。

❸ 同一組測量項目被用來測量同組人們裡不同的依變項。例如：一份態度量表可以詢問同一組顧客樣本關於他們對餐廳服務和餐廳食物的觀感。比較這兩份回答，看看哪個比較正面。

所有這些設計都被視爲重複測量分析，而都使用相同的統計分析策略。獨變項與依變項的測量類別以及評分的次數（也就是有幾次測量時機點），決定了正確的統計技術。

模組 15

麥克內瑪改變檢定（McNemar Change Test）

獨變項	1
測量的類別	名義
類別的數目	2
組別的數目	1
依變項	1
測量的類別	名義
類別的數目	2+
測量時機點	2

一、研究設計

		之後	
		類目 1	類目 2
之前	類目 1	16	12
	類目 2	4	8

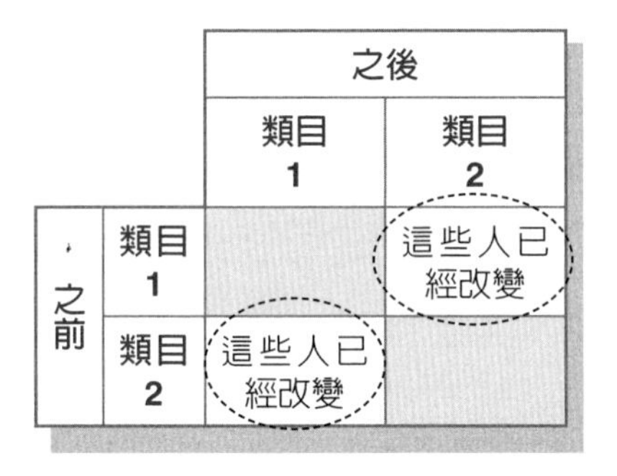

已經改變類目的人們

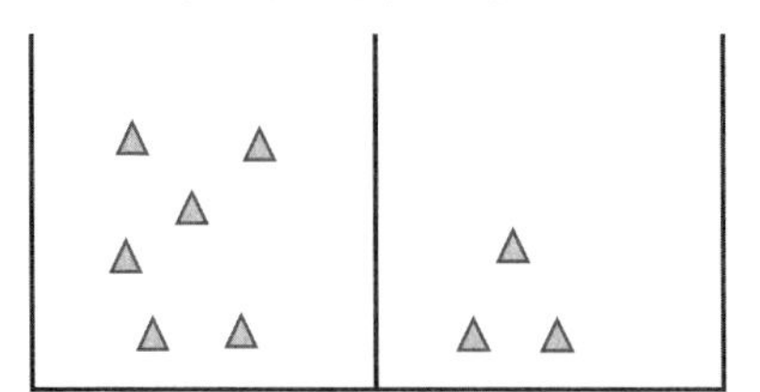

剛開始在類目 1 但現在改變至一個不同的類目

剛開始在類目 2 但現在改變至一個不同的類目

改變類目的人數一樣嗎？

以這個設計而言，人們（或事物）剛開始在某一個類目，而在經由獨變項進行某種干預後，他們可能跑到另一個類目。一組人們被使用，並且被測量兩次。

二、主要的統計問題

橫跨一開始的類目，改變類目的那些人，分配相等嗎？

三、會使用麥克內瑪改變檢定的研究範例

研究者相信，會對當事人做出錯誤判斷的新手社福專家，在與其他社福專家討論後會改變心意。影片裡，有一位 90 歲婦女，被一位護士面談，這部影片播放給 421 位參與者觀賞。「正確」的判斷被定義爲被研究者磋商過的老手專家所下的判斷。在形成了關於這位婦人是否需要服務的初步判斷之後，緊接著有一段關於此婦人的協同討論。之後，一些參與者改變他們的判斷。改變判斷的人數被計算，然後分至兩個類目裡，從正確判斷改變至錯誤判斷，以及從錯誤判斷改變至正確判斷。此研究的假設爲，如果這些專家在協同討論後改變判斷，從錯誤至正確的人數會比從正確至錯誤的多。此研究的獨變項爲參與協同討論，而依變項是改變的方向（正確至錯誤或錯誤至正確）。

四、分析

麥克內瑪改變檢定應用了卡方（參看模組 2）分析，並且只使用那些改變心意的人們。在此研究裡，讓我們說

421 位參與者裡，308 位改變了他們的判斷：280 位從錯誤至正確，而 28 位從正確至錯誤。

如果獨變項（協同討論）沒有任何效果，那麼判斷的改變，從錯誤至正確與從正確至錯誤，很可能會相等。換句話說，每個類目裡的期望數會相同。在此範例裡，期望次數是 $308 \div 2 = 154$。

卡方檢定比較 280 與 154（或 28 與 154），產出一個 $p \leqq 0.001$ 的大卡方值。

與其他專家的協同討論大大增進了判斷的品質。

五、要考慮的事

（一）麥克內瑪的發音是 MAC-neh-mar。

（二）因為卡方檢定是麥克內瑪改變檢定的根本，所以類目數（即，依變項的類別數）可能大於 2，並且可能存在許多的改變組合（從幾個類目中的任一個，至幾個類目中的任一個）。

六、啓發此範例的真實研究

Read, M., and Gear, T. (2007). Developing professional judgment with the aid of a “low profile” group support system. *The Journal of the Operational Research Society, 58*(8), 1021-1029.

模組 16

威寇森標等檢定（Wilcoxon Signed Ranks Test）

獨變項	1
測量的類別	名義
類別的數目	2
組別的數目	1
依變項	1
測量的類別	順序
類別的數目	2+
測量時機點	2

一、研究設計

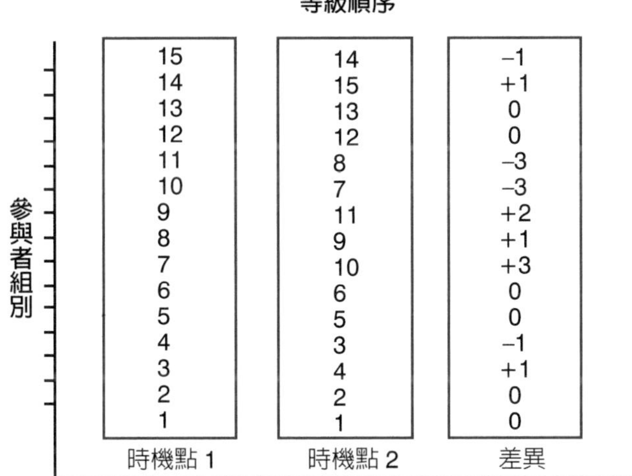

兩個測量時機點所得到的
等級具有差異嗎？

一組人們（或事物）被測量兩次，是這個統計檢定的設計。兩個測量時機點之間發生了什麼（或這兩個情況有什麼差別），就是本設計的名義獨變項，而依變項屬於順序類別。因爲依變項被表徵爲一組分數所擁有的某種排序，原始分數被轉換爲等級（每一個測量時機點），然後在兩個時機點之間進行比較。計算涉及了第二個時機點的等級減去第一個時機點。有些配對的等級彼此之間會有所差異，所以會產生正值或負值。然後，這些值再從小到大進行排序。把這些值與它們所獲得的新等級相乘，就會產生一個統計值稱爲 W，此值越大越好，而已知的統計機率允許一個顯著水準被附註於每一個 W。

二、主要的統計問題

參與者在兩個時機點上的等級是一樣的嗎？

三、會使用威寇森標等檢定的研究範例

研究者好奇有多少人會與他人合作，參與一個需要互相合作來達成共同目標才能贏的遊戲，並且贏得少數金錢。如果遊戲的規則允許玩家去處罰彼此，他們會參與更多，並且貢獻更多來達到共同目標嗎？研究者使用 14 位參與者，並且讓他們玩遊戲兩次，一次允許對他人處罰，而另一次不允許。在此研究裡，獨變項類別爲名義（何種情況或遊戲規則被採用），而依變項至少爲順序類別（更多的參與給予更多的得分）。

四、分析

在無處罰選擇情況下，玩遊戲之後，每位參與者的原始參與分數被等級化。然後，在允許處罰情況下，玩完遊戲之後又得到了等級。這些等級被配對，並且相減。使用威寇森標等檢定，產生了一個 W 爲 21。這麼大的 W 而樣本量爲 14，發生的機率小於 5%，所以這個比較具有統計顯著性（$W = 21, p = 0.04$）。

平均等級差異的方向，讓我們可以說，處罰導致更多的合作。

五、要考慮的事

（一）有一件事值得強調，那就是這種檢定與所有爲順序依變項所設計的檢定，其原本的原始分數並非等級。要先有分數，之後才會被分派等級。

（二）如同所有的重複測量一樣，威寇森標等檢定能夠被用於任何兩份樣本彼此相關的情況。有一些常見的設計是比較不同的人們，但他們在某種合理的方式上相配對（例如：具有相同的能力，彼此是親戚、雙親以及諸如此類）。

（三）談到威寇森標等檢定，有些統計教科書與軟體計算的是稱爲 T 的數值，而非 W。據此，有時候你會看見威寇森 T 檢定這個名稱。這可能會讓我們與 t 檢定產生一些混淆。此研究設計與副樣本 t 檢定是一樣的，但 t 檢定的依變項屬於區間類別。

（四）每對等級的差異會被附註正號或負號，而此檢定的發明者 Frank Wilcoxon（1892-1965），命名了此檢定。

六、啓發此範例的真實研究

Fehr, E., and Gachter, S. (2002). Altruistic punishment in humans. *Nature, 415,* 137-140.

模組 17

副樣本 t 檢定（Paired-Samples t Test）

獨變項	1
測量的類別	名義
類別的數目	2
組別的數目	1
依變項	1
測量的類別	區間
類別的數目	許多
測量時機點	2

一、研究設計

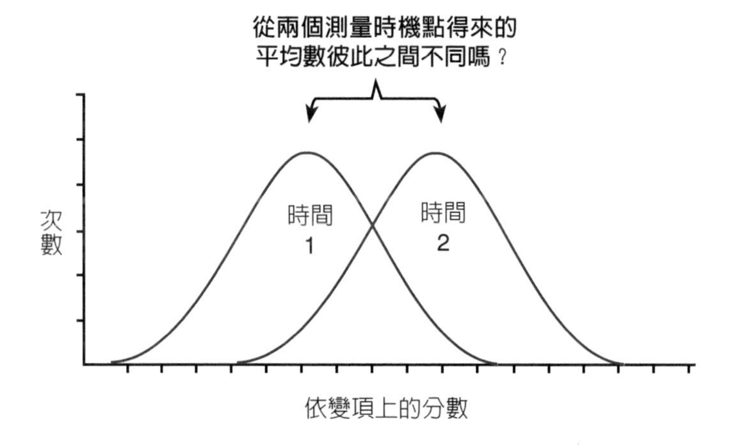

最常見的副樣本 t 檢定設計是一組在相同的依變項上被測量兩次。依變項是區間類別依變項，而獨變項是這個組在兩個測量時間之間發生了什麼。同一組人（或事物），產生了兩組分數（或兩份樣本）。

二、主要的統計問題

來自於兩個時機點的平均數，彼此之間具有顯著差異嗎？

三、會使用副樣本 t 檢定的研究範例

一個學區為教師建立了獎勵措施，只要有高出席率就能得到獎金。獨變項是獎勵政策的有無。依變項是學年缺席天數，一個區間類別變項（事實上，比率類別）。缺席天數被測量兩次，分別為政策前的那一年與實施政策第一年的年底。研究參與者是 292 位教師。

四、分析

就所有的 t 檢定而言，平均數與標準差提供了數據。

測量時機	平均數	標準差	平均數差異	t	p
去年	7.21	4.0	1.87	6.18	$p \leqq 0.001$
今年	5.34	3.3			

在新的獎勵措施下，每年的缺席天數有顯著降低。

五、要考慮的事

（一）眞正被檢定的是兩個平均數之間的差異。那個平均數差異被看待成單一樣本平均數，並且使用單一樣

本 t 檢定（參看模組 4）來與 0 做比較。

（二）此處所呈現的副樣本 t 檢定設計，常見於統計教科書，一組在同樣的測量上被測量兩次。然而，副樣本 t 檢定也適合很可能有關連的兩組分數，而研究者想要知道是否這兩組分數的平均數有所不同。所以，研究者可以使用在同個量表上同時被測量的兩組，如果兩組的分數可能彼此相關並且能夠配成對（例如：配偶被詢問他們的政治觀點）。研究者也可以使用副樣本 t 檢定於一組，一次測量，但使用兩種被認爲是彼此相關的測量工具（例如：兩份態度量表，使用相同的項目來詢問類似的事物）。但是，如果要這樣運作，兩份量表必要擁有「相同的測量尺度」，有著相同可能的分數，同樣的全距與變異，以及諸如此類。

（三）只要兩組分數能夠被配對並且彼此相關，副樣本 t 檢定就會比獨立樣本 t 檢定（參看模組 8）更爲有力。關鍵是一定要有合理的方式來使這些成對的分數成爲拍檔。

（四）統計軟體有時候輸出這些成對分數之間的相關。不要誤把那個相關係數的 p 值當成是 t 檢定本身的顯著性。之所以呈現這個相關值是因爲有一條簡單的公式使用它來計算 t。

（五）副樣本 t 檢定有時候被稱爲相依 t 檢定（dependent t test）。

（六）副樣本 t 檢定的英文在許多地方被標示爲 pairedsample *t* test（sample 是單數）。這似乎是文法上的錯誤。

六、啓發此範例的真實研究

Jacobson, S. L. (1989). The effects of pay incentives on teacher absenteeism. *The Journal of Human Resources, 24*(2), 280-286.

模組 18

寇克蘭 Q 檢定（Cochran Q Test）

獨變項	1
測量的類別	名義
類別的數目	2+
組別的數目	1
依變項	1
測量的類別	名義
類別的數目	2+
測量時機點	2+

一、研究設計

以這個設計而言，一個類目裡的人們（或事物）在一個時機點或情況下，而在另一個測量時機點，他們可能在不同的類目。以典型的研究設計而言，參與者被評估，然後在獨變項的某種干預後，他們再次被評估，然後在第三個時機點又再被評估一次。或者，同一組人們在三種不同的測量上被評估（例如：三位裁判或三種安置測驗），這三種測量所產生的分數都在同樣的尺度上，並檢視是否類目不同。研究者使用寇克蘭 Q 檢定的關鍵在於依變項是名義類別，並且多於兩個測量時機點。

統計分析只看是否橫跨每一個獨變項類別的分數都一致，而對實際的分數本身不感興趣。數據在表格裡被排列好，背後的數學涉及計算橫跨所有獨變項類別的總分，如果存在完美的一致性，並且把那個值與實際上橫跨類目的總分做比較。算出一個稱爲 Q 的值，而大 Q 比小 Q 更爲顯著且指出分數與獨變項有關連。

	三種不同的情況		
參與者	類別 1	類別 2	類別 3
1	1	1	1
2	1	1	2
3	2	2	2
4	2	2	1
5	1	1	1
6	2	2	2
7	2	2	2

註：1 與 2 代表依變項上兩個可能的名義分數。

二、主要的統計問題

對獨變項的每一個情況而言，參與者在依變項上會得到同樣的分數嗎？

三、會使用寇克蘭 Q 檢定的研究範例

一位蛇類專家想知道，如果平常具攻擊性的百步蛇習慣了被操弄，是否會有較少的防衛反應。專家設計了一項研究，選擇了 13 條不同的百步蛇，而它們的反應被觀察，並以五點量表來記錄不同蛇身部分（例如：尾、頭、舌）動了多少。然後，被操弄了三天之後，防衛反應再次

被測量。然後再操弄了兩天，這些蛇在其防衛反應上再次被測量。

此研究的獨變項是經常被拿起來，並且以名義變項的三個類別（第一天、第三天、第五天）來進行測量。依變項是觀察到的評分，評分關於蛇身驅動的次數與型態，並且被視爲順序類別。

四、分析

在每一條蛇上搜集適用寇克蘭 Q 檢定的數據，並分析看看是否第一天、第三天以及第五天的分數是一樣的。計算 Q 的等式產出統計上顯著的結果（$Q = 5.0$, $p = 0.03$）。這指出蛇類的行爲的確隨著時間而改變。

爲了指認改變的方向並詮釋結果，平均行爲分數被檢視。在第一天行爲的平均數是 4.1（使用測量依變項的五點量表），在第三天是 3.0，而在第五天就掉到了 2.5。操弄蛇類果然減少了其攻擊性。

五、要考慮的事

（一）在情況間被比較的參與者不必要完全一樣（雖然完全一樣是常見的寇克蘭 Q 檢定設計）。在某個重要控制變項上被配對的人們能夠被使用，並且被分析，好像他們就是同一組人。要注意的是參與者的分數能夠被排列入各欄，並且有其道理。

（二）寇克蘭 Q 檢定是麥克內瑪改變檢定（參看模組

15）的延伸，可類比重複測量變異數分析（參看模組 20）就是副樣本 *t* 檢定（參看模組 17）的延伸。

（三）當你並不確定你的依變項屬於區間類別時，就可以使用寇克蘭 Q 檢定。研究者可以假定它至少是依順序，並且安全地使用 Q 檢定。然而，就如同無母數檢定（爲了依變項不具有常態分配而設計），寇克蘭 Q 比較沒那麼強而有力，並且使用的訊息沒有比使用區間變項的分析要多。換句話說，盡可能且合理地使用區間類別變項。

（四）有著多一點的參與者，或依變項有許多類別，雙向卡方分析（參看模組 6）可以運作得相當好。它比寇克蘭 Q 更準確，也更令研究者熟悉。

六、啓發此範例的真實研究

Glaudas, X. (2004). Do cottonmouths (Agkistrodon piscivorus) habituate to human confrontations? *Southeastern Naturalist, 3*(1), 129-138.

模組 19

富利曼檢定（Friedman Test）

獨變項	1
測量的類別	名義
類別的數目	2+
組別的數目	1
依變項	1
測量的類別	順序
類別的數目	2+
測量時機點	2+

一、研究設計

富利曼檢定比較橫跨時間或多個情況的分數。獨變項是名義變項，而依變項必定至少是順序。因爲依變項是順序變項，它們能夠轉換成等級以進行分析。策略是去排序每個人橫跨各情況的分數。所以，如果存在三種情況，每個人的原始分數在三種情況下會變成1、2、3。如果兩種情況下的原始分數一樣，那麼這兩個可能等級的平均就被使用。然後，總加（或平均）每個情況下的等級，並互相比較。如果獨變項沒有關連或效果於依變項上，那麼每種情況下的等級總和應該幾乎相等。

原始分數			
參與者	時間 1	時間 2	時間 3
1	12	10	9
2	16	15	15
3	15	12	8
4	11	13	10

等級化的分數			
參與者	時間 1	時間 2	時間 3
1	1	2	3
2	1	2.5	2.5
3	1	2	3
4	2	1	3
等級總和	5	7.5	11.5
	這些等級相等嗎？		

從這些數據計算出一個數值和機率，而如果具有顯著性，研究者下結論說各情況下等級化的分數並不相等。在顯著結果之後，有一個很簡單的公式可以決定任何配對等級之間的差異量。這個方法可以找出差異位於何處。

二、主要的統計問題

參與者橫跨獨變項的每種情況，在依變項上產生了等級分數，最後的結果一樣嗎？

三、會使用富利曼檢定的研究範例

有些人會經常非自願地重複發音，特別是那些有輔音的字眼，這是一種口吃的毛病。研究者想要知道，是否口吃者們能夠改進他們快速開始與結束一個聲音的能力，像是「ah」這個聲音。於是設計了一項研究，參與者是10位年輕口吃者，在實驗室裡練習每當他們聽見一個提示音時，就快速說「ah」。他們在三個時機點上被測量，看看他們是否能夠減少完成發音的時間。此研究的獨變項是練習，有三個名義類別（三個時段）。依變項（說話速度）被視爲至少屬於順序類別（並且不是區間，因爲一些技術性的考量）。

四、分析

實際被使用的原始數據在此處呈現，但想像它被放在一個具有十列的表裡（每個人一列），而有三欄的分數在每一個時段裡，每個人的三個分數在三個時段之間被排序。作爲總結，中位數被呈現在此處，雖然每個人的等級被用來計算。

時段 1	時段 2	時段 3
0.67 秒	0.61 秒	0.57 秒

把樣本量（n = 10）以及橫跨各個情況的眞實等級考慮進去，富利曼分析發現顯著差異（$p \leqq 0.01$）。這指出那些口吃者控制住了發音速度。

五、要考慮的事

（一）富利曼檢定類似威寇森標等檢定（參看模組16），也是使用一個重複測量順序類別依變項，但它能夠用於許多情況與測量時機。威寇森只比較兩種情況，所以可以當作富利曼檢定具有顯著結果後的後續檢定。

（二）計算富利曼檢定的統計值 F 的時候，許多的校正或特定的公式被用在特定的情況裡。例如：如果等級化的數據裡存在同分值。如果有許多的情況或許多的參與者，F 就被視爲卡方，而已知的卡方機率就被用於決定統計顯著性。

（三）如同所有的重複測量分析以及此處所呈現的研究範例，富利曼檢定不需要情況間比較的必定是同一組參與者，只要有辦法把分數搭檔起來。所以，搭配的對象是不同的人，但共享能夠被使用的要點。

六、啓發此範例的真實研究

Adams, M. R., and Hayden, P. (1976). The ability of stutterers and non-stutterers to initiate and terminate phonation during production of an isolated vowel. *Journal of Speech and Hearing Research, 19*, 290-296.

模組 20

重複測量變異數分析
（Repeated Measures Analysis of Variance）

獨變項	1
測量的類別	名義
類別的數目	2+
組別的數目	1
依變項	1
測量的類別	區間
類別的數目	許多
測量時機點	2+

一、研究設計

當只有一組人們（或事物），而他們在同樣的區間依變項上被測量幾次，就可以使用重複測量變異數分析。名義獨變項被定義爲不同的測量時機。它可以是一組在不同的時間點被測量，或一組在不同的情況下被測量。當只有兩個測量時機時，重複測量變異數分析可以被採用，但比較常用的是副樣本 *t* 檢定（參看模組 17）。所以，通常是至少有三組分數被比較時，才會使用這個分析技術。

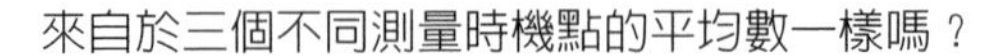

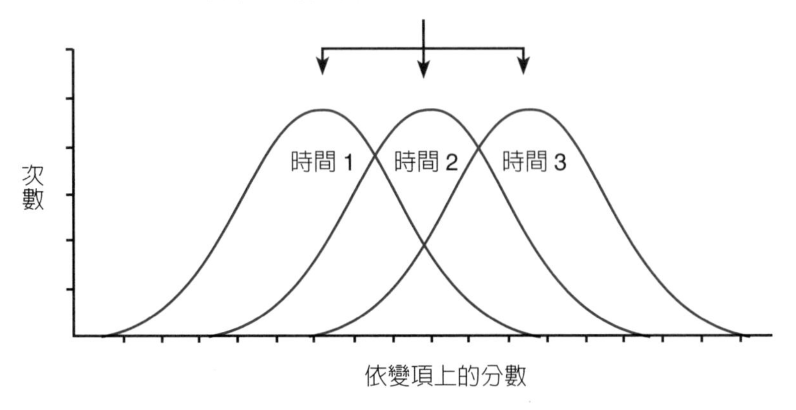

二、主要的統計問題

來自於幾個測量時機點的平均數，彼此之間具有顯著差異嗎？

三、會使用重複測量變異數分析的研究範例

每天的氣溫與因為心臟問題而住院的現象，彼此之間存在關係。醫生懷疑，是否這是因為天氣熱給心臟帶來壓力所造成的。研究者可以藉由測量到一種稱為 B 型鈉尿縮氨酸（BNP）的化學物質，來「看見」心臟壓力。他們設計了一項研究，從夏天結束時開始的三個時機點，測量 92 位病患的 BNP 量。第一個時機點是最熱的，第二個時機點在幾個月後，氣溫比較溫和，而第三個時機點的氣溫具有涼意。有一組人，名義獨變項有三個類別（三種氣候類型），以及一個區間類別依變項（以每毫升有幾個粒子來測量 BNP），使用重複測量變異數分析。

四、分析

平均數與標準差（SD）呈現在下表：

	炎熱		溫和		涼爽	
	平均數	標準差	平均數	標準差	平均數	標準差
化學物質	112.48	38.08	97.71	34.00	106.54	43.52

重複測量變異數分析有兩個步驟。在第一個步驟裡，組別平均數被比較，並且考慮了標準差以及橫跨測量時間的相關資訊，然後產生了一個伴隨著顯著水準的 F 值。看見了顯著 F 後，後續的配對副樣本 t 檢定為每一個配對時間點計算差異，看看顯著差異位於何處。在此研究裡，有一個總括顯著 F，而事後檢定發現顯著差異位於時間 1 至時間 2 之間，其他時機點的差異並不顯著。從炎熱天氣到溫和天氣的降差，與心臟壓力的減少有關。

五、要考慮的事

（一）重複測量變異數分析是副樣本 t 檢定的延伸，因為它允許分析多於兩組的分數。所以我們也可以說，變異數分析（參看模組 11）是獨立樣本 t 檢定（參看模組 8）的延伸，因為它可以分析比兩組還多的組數。

（二）即使有四個、五個或更多測量時機點，重複測量變異數分析也還是可以運作。然而，隨著測量的次數越來越多，事後的副樣本 t 檢定就會變得龐大而笨重。如果是這樣的情況，存在那麼多的測量時機點，那麼時間序列分析（參看模組 23）就變成是適用的統計技術。

（三）當平均數與標準差被用來判斷是否組別分數之間存在統計上的顯著差異時，這種程序就被稱爲變異數分析。然而，當研究者一聽到「變異數分析」時，總會想成是獨立的組別被比較，而非像這裡所討論的重複測量。據此，比較多個組別，就得到變異數分析這個較短的名稱，而重複測量分析，就得到較長的那個名字。

六、啓發此範例的真實研究

Wilker, E. H., Yeh, G., Wellenius, G. A., Davis, R. B., Phillips, R. S., and Mittleman, M. A. (2012). Ambient temperature and biomarkers of heart failure: A repeated measures analysis. *Environmental Health Problems, 120*(8), 1083-1087.

模組 21

雙向重複測量（Two-Way Repeated Measures）

獨變項	2
測量的類別	名義
類別的數目	2+
組別的數目	2+
依變項	1
測量的類別	區間
類別的數目	許多
測量時機點	2+

一、研究設計

有重複測量的組別在其他的重複測量裡，就適用這個分析設計。例如：參與者可能在三個不同的天裡被測量，而在每一天裡，他們可能在三個不同的情況下被測量。改變可能跨越時間或跨越情況或兩者。在這類研究裡，兩個或更多的獨變項是名義的，並且代表不同的情況或時段。依變項屬於區間類別，並且代表某個研究者認爲可能隨著三個時段或情況而改變的變項。如果總括檢定指出，依變項確實隨著一個或更多個獨變項而有所不同，那麼事後重複測量變異數分析（參看模組 20）就會被執行，並指出差異位於何處。

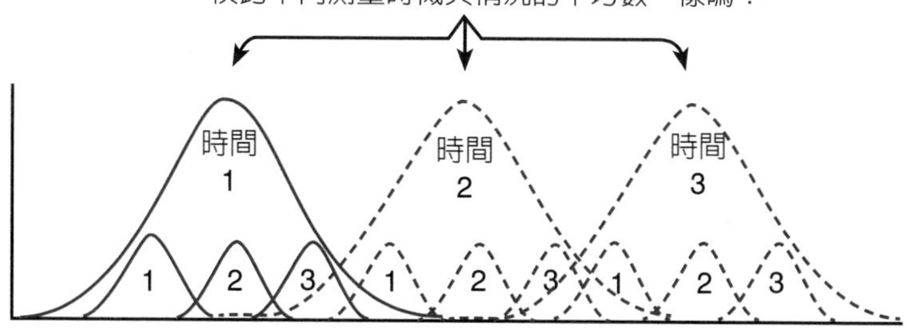

每個獨變項的每一個類別在依變項上的分數

二、主要的統計問題

由任何一個獨變項所定義的測量時機而來的平均數，彼此之間具有顯著差異嗎？

三、會使用雙向重複測量分析的研究範例

賽馬訓練的強度，使得我們不得不考慮在專業訓練下，馬兒們的健康問題。事實上，有一位全時獸醫來照顧馬兒們的健康。一位賽馬健康研究者感興趣於一種稱爲血纖維蛋白的特定化學物質，這個物質與血栓和其他的心血管問題有關。研究者假設，來自於植物（或海鮮）的 omega-3，會降低馬兒血裡的血纖維蛋白量。一項研究被設計，有著兩個獨變項分別代表兩組情況。第一個獨變項定義爲每天餵食馬兒 omega-3，總共餵食 30 天。這個變項有兩個類別，第一天與第三十天。因爲在比賽期間，血纖維蛋白量會降低，所以第二個獨變項就定義爲練習賽前與練習賽後。依變項爲血中血纖維蛋白的量（毫克／分升

來測量）。所以在第一天，馬兒們被測量兩次，賽前與賽後。然後，在食用了 30 天的 omega-3 後，馬兒們又再被測量了兩次，也是賽前與賽後。假設是這樣的，結合了賽前與賽後的數據，血纖維蛋白量在競賽期間仍然會降低，而整體的血纖維蛋白平均量，在食用 omega-3 的 30 天裡也會降低。

四、分析

這個雙向重複測量分析的平均數與標準差，看起來像這樣：

	第一天				第三十天			
	賽前		賽後		賽前		賽後	
	平均數	標準差	平均數	標準差	平均數	標準差	平均數	標準差
血纖維蛋白	158.20	12.56	157.8	10.72	130.60	6.58	117.80	11.30

食用 30 天 omega-3 的雙向重複測量分析，產出了一個顯著 F（$F = 5.93$, $p = 0.04$），這指出整體血纖維蛋白量，在食用了 30 天 omega-3 後下降了。不論是在賽前或賽後。所有事項都考量後，第二個獨變項（賽跑的效果）的血纖維蛋白量沒有顯著差異。研究者總結，含有 omega-3 的飲食，幫助降低了馬兒的血纖維蛋白量。

五、要考慮的事

（一）雙向重複測量分析也尋找獨變項間的交互作用。如果依變項在一個獨變項上的差異，只存在另一個獨變項的某些類別裡，這就反映出了交互作用。以此例研究結果而言，比賽前後血纖維蛋白量的顯著差異，只在第三十天，而沒有在第一天。比賽（一個獨變項）對依變項（血纖維蛋白）的效果，端看馬兒食用了多久的 omega-3（另一個獨變項）。這指出了兩個獨變項之間的交互作用。

六、啓發此範例的真實研究

Piccione, G., Marafioti, S., Giannetto, C., Panzera, M., and Fazio, F. (2014). Effect of dietary supplementation with omega 3 on clotting time, fibrinogen concentration and platelet aggregation in the athletic horse. *Livestock Science, 161,* 109-113.

模組 22

混合變異數分析（**Mixed Analysis of Variance**）

獨變項	2
測量的類別	名義
類別的數目	2+
組別的數目	2+
依變項	1
測量的類別	區間
類別的數目	許多
測量時機點	2+

一、研究設計

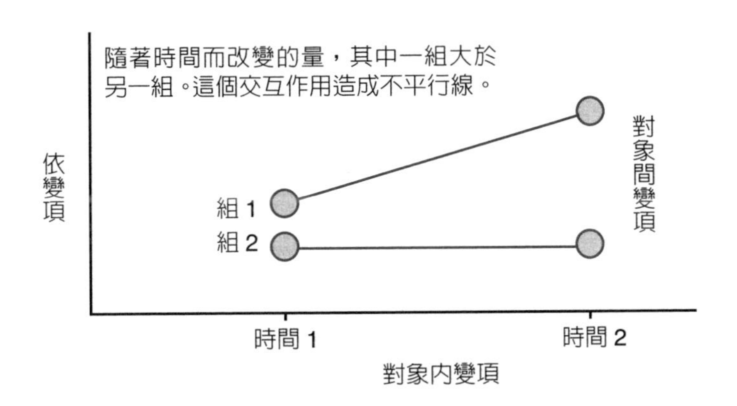

混合變異數分析之所以稱爲混合，是因爲它同時比較組別平均數，像是變異數分析，以及橫跨時間的改變，像是重複測量分析。它也有其他的名字。它有時候稱作混合模型（mixed-models）分析，因為不同的統計模型（數學等式）被用於分析裡。這種設計有一個更長的名字，但很詳細地描述了這個不尋常的設計：有著一個對象間變項與一個對象內變項的變異數分析。對象間變項是名義獨變項，並且定義了不同組別的人們。對象內變項也是名義獨變項，並且定義了不同的測量時機點或情況。依變項屬於區間類別。混合變異數分析的整個設置看起來很像雙向變異數分析（參看模組 12），有著交互作用的可能性。所有的組別隨著時間而改變的量都一樣嗎？交互作用最好用視覺來理解。如果你把每一組在每一個時間點於依變項上的平均分數以黑點來表示，並把這些點連起來，你會得到線條，這些線條呈現每一個組的對象內變項的效果。如果對象內變項的效果是一樣的，無關對象間變項的哪個類別，那麼就不存在交互作用。如果線條不平行，就存在交互作用。

二、主要的統計問題

（一）對象間變項與對象內變項之間存在交互作用嗎？

（二）有隨著時間而改變的組別嗎？

三、會使用混合變異數分析的研究範例

挪威在 2004 年開始禁止室內吸菸。作為研究的一部分，酒店業員工在禁令正要發布前與發布後五個月，被評估呼吸道症狀。研究者也想要知道，吸菸者與不吸菸者在禁菸效果上可能會有怎樣的不同。在這個研究設計裡，對

象間名義獨變項爲是否對象吸菸或不吸菸，對象內名義獨變項爲禁令開始之前與之後，而區間類別依變項爲呼吸問題指標，低數值意謂著更健康的肺。

四、分析

此處呈現來自於這個研究的數據。上列代表吸菸者，而底部列呈現的是不吸菸者。這個分析實際上執行了幾個統計檢定。首先，主要問題爲是否每一個人皆隨著時間而有所改進。結果顯示，有著整體的顯著改進，$p < 0.001$。第二，存在顯著的交互作用於 $p \leqq 0.001$ 的顯著水準，因爲不吸菸者隨著時間的改進大於吸菸者。所以，這個禁令似乎對全體員工的呼吸道問題皆有所幫助，尤其對那些不吸菸者幫助更多。第三個分析也呈現了顯著結果，但研究者並不怎麼感興趣。絲毫不奇怪，吸菸者的健康狀況比不吸菸者還要糟糕，$p \leqq 0.001$。

	樣本量	禁令前的呼吸問題指標	禁令後的呼吸問題指標	隨著時間而改變
吸菸者	458	1.91	1.85	–0.06
不吸菸者	327	1.44	1.29	–0.15

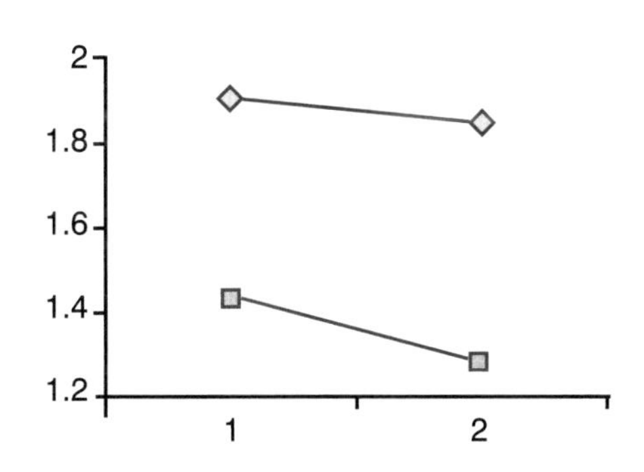

五、要考慮的事

（一）不應該把這種「混合模型取向分析法」與結合量化與質性研究法的「混合方法取向研究法」混為一談。

（二）有些書籍與期刊使用術語重複測量變異數分析（repeated measures analysis of variance）來描述混合模型取向分析法。然而，大多數研究者似乎使用這個術語來描述只有一個組的重複測量分析（沒有對象間變項）。本書遵循這個傳統（參看模組20）。

（三）真正去指認交互作用的統計分析，是在組別間於每一個時間點上的平均差異所做的變異數分析。如果在任兩個時間點間的差異不相等，就存在交互作用。

六、啓發此範例的真實研究

Eagan, T. M., Hetland, J., and Aarø, L. E. (2006). Decline in respiratory symptoms in service workers five months after a public smoking ban. *Tobacco Control, 15*(3), 242-246.

模組 23

時間序列分析（Time Series Analysis）

獨變項	1
測量的類別	名義
類別的數目	許多
組別的數目	1
依變項	1
測量的類別	區間
類別的數目	許多
測量時機點	2+

一、研究設計

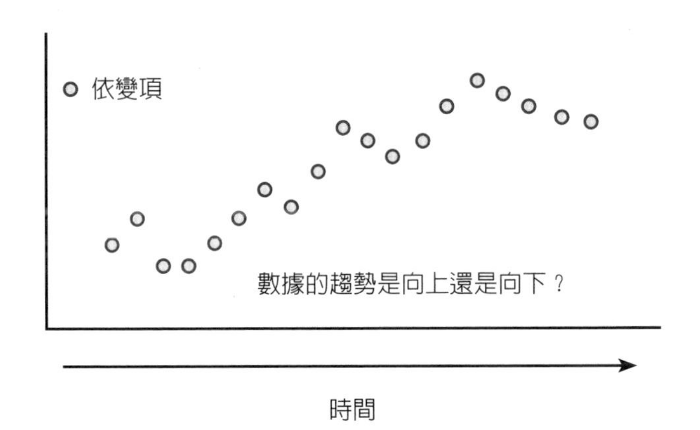

有時候，研究裡的區間類別依變項被經常且規律地測量，所以會有大量的訊息以供分析。研究者可以決定是否變項隨著時間而改變，並且有著堅實的數據與好的準確

度。如果有許多的測量時機點，並且時間間隔一致，就可以使用時間序列分析。時間序列分析裡的獨變項通常是時間（或者，其實，某個獨變項橫跨時間的效果），並且至少是名義變項，雖然它幾乎總是順序類別。大多數的統計分析都假設獨變項與依變項之間的關係是線性（linear）。換句話說，在時間序列分析裡所期待的排列形式爲：如果數值隨著時間而改變，它們很可能以直線的方式呈現改變狀態，不管是向上或是向下。據此，這種統計分析的策略是去檢視是否一條特定的線「適合」這些數據。時間序列分析的另一個觀點是去控制自我相關（autocorrelation）。自我相關是說，在任一特定時間的分數與前一個分數有強烈的關連（並且能夠被解釋）。然而，研究者想要看看，時間獨變項對分數變化有著什麼樣的效果，並且需要移除任何其他影響所引起的那個變化。所以，時間序列分析也控制住在那些分數上的自我相關，來試著孤立獨變項對依變項的任何影響。

二、主要的統計問題

依變項隨著時間而改變嗎？

三、會使用時間序列分析的研究範例

在 1970 年代，費城的研究者想要知道，是否供水給這座城市的河流變得越來越乾淨或越來越不乾淨。他們測量水裡的溶氧量（有溶氧量是件好事），每四天進行測量並持續一年。

四、分析

水質分析的數據呈現在此處。底部是橫跨時間的 91 個點，而可能的依變項數值（氧氣量）就沿著垂直軸。

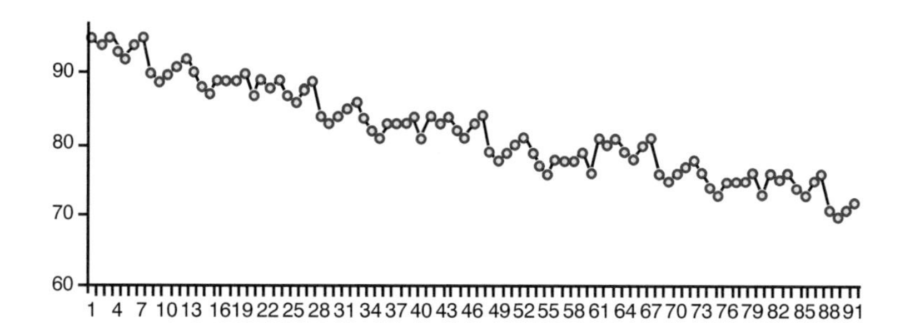

被用來詮釋此處「趨勢線」的統計值被稱爲 R-squared，這指出分數變異能夠被一條特定的假設線所解釋的比例，而 t 檢定或 F 檢定用來評估是否——事實上——沿線存在著顯著改變。以此例數據而言，存在顯著發現，所以下結論說，可以推斷水裡的氧氣量隨著時間而降低，這暗示了費城的水汙染越來越嚴重。

五、要考慮的事

（一）隨著時間而搜集的眞實數據經常形成像波浪樣的排列形式，並不會很平順。遵循著線性假設，這些離開直線的變異經常被視爲隨機或測量偏誤，而某種系統性的鄰近值平均法被用來拉直這條線。這種簡化數據的方式被稱爲平滑法（smoothing）。平滑法在概念上類似於不使用個體分數而使用組別平均

數的 t 檢定（參看模組 8）與變異數分析（參看模組 11）。為了同樣的理由，有時候分數用標準化的方式以數學來轉換，使原始分數更接近於一條直線。

（二）控制自我相關是非常複雜的數學，因為不僅每一個分數與前一個分數相關，也與前一個分數的上一個分數相關，以至所有分析裡的前面的分數。這也就是為何在電腦尚未問世前，時間序列分析這麼少見的原因。

（三）時間序列試著把一條假設線適配於數據，這種方法與簡單線性迴歸（參看模組 32）所使用的策略是一樣的。

六、啓發此範例的真實研究

Fuller, F. C., Jr., and Tsokos, C. P. (1971). Time series analysis of water pollution data. *Biometrics, 27*(4), 1017-1034.

TAX

第四部分

相關分析

這部分所搜集的統計分析，涉及了計算統計值來評估變項間的關連強度。對許多這裡的程序而言，研究者只感興趣於兩變項間的關連有多大。對其他程序來說，目標是去確實預測或估計一個變項上的分數，而這是藉由檢視一個或更多其他變項上的分數來達成的。

大多數的相關設計並沒有隨機分派對象至組別（或一個變項的不同類別）來檢視是否它們影響了另一個變項。沒有這樣的設計特徵，研究者就無法決定是否一個變項引起了另一個變項的改變。所以，採用相關分析時，我們對使用術語依變項與獨變項有疑慮，因爲類似的語言暗示了因果（cause and effect）關係。取而代之，我們用準則變項（criterion variable）來描述那些我們想要了解的變項，而我們使用預測變項（predictor variable）這個術語來描述那些用來預測、估計或解釋準則變項的變項。

相關分析有著另一種常見的設計特點，通常存在一大組的人們（或事物），而我們從那個組裡的不只一個變項上搜集分數。我們對組別之間的差異並不感興趣，我們反而對變項之間的關連很感興趣。因此，相關分析有時候被描述爲關係的分析，而其他統計技術則尋找組別之間的差異。即便如此，大多數的推論統計感興趣於變項間的關係。這不過是恰巧獨變項屬於名義類別，而我們最終比較組別來檢視那些關係。

這部分被組織成三個群體。第一個群體涉及一個或更多的預測變項與一個準則變項。稍後，我們呈現更多有力的相關分析，它們有著多重預測變項與多重準則變項。最後，有三個分析並不怎麼適合我們的簡單分類──只要指認預測變項與準則變項的測量類別。這最後三項統計使用靈活自如的變項，也就是在相同的分析裡，能夠既是預測也是準則變項。如你所想像的，這導致有用但有點複雜的統計程序。

模組 24

Kappa 同意度係數
（Kappa Coefficient of Agreement）

預測變項	0
測量的類別	—
類別的數目	—
組別的數目	1
準則變項	1
測量的類別	名義
類別的數目	2+
測量時機點	2+

一、研究設計

Kappa 同意度係數是一種相關分析，但不像其他的相關分析那樣，它對於兩變項間的關係並不感興趣。這可能聽起來有點奇怪，因爲相關這個字眼意謂著兩件事之間的關係。此處，雖然 Kappa 的研究設計涉及一個被多次評分的變項，然而更常見的情況爲被多個評分者或「裁判」評分。想要問的問題爲是否這些特定的裁判給分之間具有某種關連性。誰來評分有關係嗎？或裁判之間存在同意度？雖然本書開頭的大表格與此模組的表格，把 Kappa 描述爲不使用獨變項，你大可以把裁判想成是獨變項。這些裁判們所給的分數一致嗎？

評分一致性的問題被測量專家描述爲信度

（reliability）的問題。有一組隨機分數，並且存在信度統計，決定組裡分數的變異有多少可歸因於被評分人們（或事物）的眞實變異。Kappa 是其中之一種統計，而當分數屬於名義類別時，就可以被使用。數値的範圍從 0 到 1，而越接近 1，裁判間的同意度就越高。Kappa 被用來估計評分者間（或觀察者間）信度。

應徵工作者	評審員 A	評審員 B	評審員 C
Pierre	0	1	0
Manuel	2	2	1
Fatima	1	1	2
Jie	1	1	1

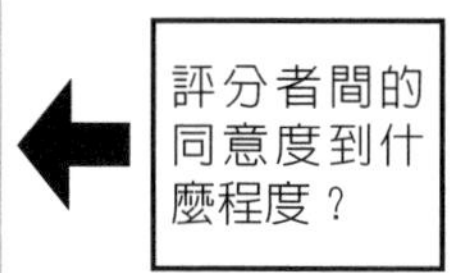

0 = 不合格，1 = 合格，2 = 首要候選人

二、主要的統計問題

橫跨不同裁判或評分法的分數有多一致？

三、會使用 Kappa 同意度係數的研究範例

研究者擔心，嬰兒動作觀察測驗是否可靠。這個測驗的主觀特性，意味著分數可能具有差勁的評分者間信度。爲了估計這個測驗的一個特定項目的信度（是否孩童隨著指尖凝視），兩位醫生分類他們對這 53 位嬰兒在這個項目上的觀察。嬰兒在這個任務上的成功是名義依變項，並且有著四個可能的類目或分數。

四、分析

被用來計算 Kappa 的量化訊息是裁判的人數與可能分數的數目。被評分的人數（或事物）也是重要的，但只有在用於計算裡的不同比例被估算時。下表呈現此研究裡所有可能評分排列的次數，並且被用來決定 Kappa。

斜對角線的粗體字代表兩位評分者都同意的次數。他們的同意百分率達到 68%，但其中有一些是可期待的。使用這些訊息的 Kappa 公式，產生的數值是 0.51（或 51%）。有顯著檢定能夠告訴我們是否 0.51 大於 0，但我們知道或多或少一定會有恰巧都同意的情況。所以，研究者傾向於詮釋是否 Kappa 值大到足以指出評分者間信度是足夠的。詮釋 Kappa 的一種黃金準則如下：0 至 0.40 是差勁的，0.40 至 0.74 是可接受到好，而 0.75 至 1.0 是傑出的。據此，研究者下結論說，此部分測驗的評分者間信度只是可接受而已。

醫生 A 的分數	醫生 B 的分數			
	1	2	3	4
1	**4**	2	2	0
2	3	**20**	4	0
3	1	3	**9**	1
4	0	0	1	**3**

五、要考慮的事

（一）Kappa 檢定適用任何數目的裁判。

（二）Kappa 不是裁判都同意的百分率。是有著少數選擇時，超越所期待的百分率。

（三）Kappa 只指出是否評分者傾向於在同一個人身上指派相同的分數，而非是否所給的分數是正確的。那也是信度與效度的不同之處。

（四）同一個變項上存在多重分數，就可以使用 Kappa，它還可以被用來檢視橫跨時間的一致性，不僅僅只是一個評分者間信度估計值。

（五）Kappa 不是一個人名；它是一個希臘字母。它被習慣性地大寫，因爲 Kappa 值的符號是大寫 *K*。

六、啓發此範例的真實研究

Haley, S. M., and Osberg, J. S. (1989). Kappa coefficient calculation using multiple ratings persubject: A special communication. *Physical Therapy, 69*, 970-974.

模組 25

史匹爾曼相關係數（Spearman Correlation Coefficient）

預測變項	1
測量的類別	順序
類別的數目	許多
組別的數目	1
準則變項	1
測量的類別	順序
類別的數目	許多
測量時機點	1

一、研究設計

史匹爾曼相關係數是一種關連的統計技術，這意謂著它告訴我們變項間的關係，而非組別間的差異。它類似皮爾森相關係數（參看模組 31），但不是檢視兩個區間變項之間的關連，而是兩個順序類別變項。分析策略是指派等級給每一個變項，然後並排。藉著把彼此的等級相減，就創造了一群差異分數。如果兩個變項的等級完全一樣，這些差異分數就會都是 0。如果等級間存在大差異，這些差異分數就會遠離 0。使用這些等級差異訊息，就創造了一個 0 至 1 範圍之間的比例。這最後的數值就是史匹爾曼相關係數。

參與者	測驗 A 的等級	測驗 B 的等級	等級差異
Pierre	1	2	-1
Manuel	2	1	+1
Fatima	3	3	0
Jie	4	5	-1
Habib	5	4	+1
Jacob	6	8	-2
Liam	7	6	+1
Olivia	8	7	+1

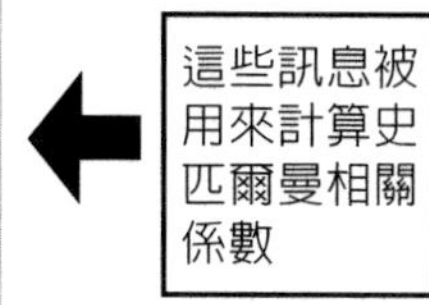

二、主要的統計問題

兩個變項之間的關連性有多強？

三、會使用史匹爾曼相關係數的研究範例

社會科學像是心理學與教育學裡的測驗專家，總是擔心測驗的準確度。評估新測驗效用如何的一種常見策略，就是把新測驗與舊測驗的分數進行相關分析。如果分數的相關高，那麼研究者判斷新測驗運作地相當好。

這個策略被研究者用來檢視居住環境與人們健康狀況的關係。研究發現，居住環境的物理特徵影響了附近居民的健康。爲了這類研究，研究者走遍大街小巷，測量不同的特徵，並使用這些特徵當作變項來估計居民的健康。結果發現，這些變項裡能表徵健康的是樹木。越多的樹，居民就越健康。評估這些物理特徵的新技術被建議，也就是使用 Google 街景照。研究者想要知道，使用這個方法來計算樹木和走遍大街小巷計算樹木的老方法，是不是一樣有效。他們使用老方法在 37 條街道上算出樹木的數量，然後與新方法使用街景照計算出的樹木數量進行比較。因爲他們不確定樹木數量這個變項的數量變化屬於區間類別，所以他們使用只需要順序類別變項的相關——史匹爾曼相關係數。

四、分析

研究者有 37 對分數。新方法與舊方法所算出樹木數量之間的史匹爾曼相關是顯著的，並且大小居中，史匹爾曼相關係數（rs）= 0.61，$p \leqq 0.001$。因爲史匹爾曼相關係數的數值範圍是從 0 到 1，並且可以是正値或負値，所以這個相關係數可以這麼詮釋：兩個方法似乎在測量同一件事上的表現還算 OK。很可能街景照這個新方法（或者，也許是，傳統方法）錯過了一些樹木。

五、要考慮的事

（一）用於史匹爾曼相關分析的兩個測量，其分數的尺度與全距不必要一樣。因爲分數被轉換成爲等級以便用於分析，所以在計算之前，它們已經被放置在相同的尺度上。這個道理對於其他相關係數而言也爲眞，像是 Phi 相關係數（參看模組 26）或皮爾森相關，這也就是相關法如此好用的原因。

（二）如果在一個特定變項上所創造的等級具有不算少的同分值，這個檢定有一條替代公式來校正這個現象。

（三）史匹爾曼相關係數的詮釋方式與皮爾森相關係數一樣。此外，如果有多於 25 對分數被分析，伴隨的顯著水準對兩種相關技術而言都是一樣的。

六、啓發此範例的真實研究

Rundle, A. G., Bader, M. D. M., Richards, C. A., Neckerman, K. M., and Teitler, J. O. (2011). Using Google Street View to audit neighborhood environments. *American Journal of Preventive Medicine, 40*(1), 94-100.

模組 26

Phi 相關係數（Phi Correlation Coefficient）

預測變項	1
測量的類別	名義
類別的數目	2
組別的數目	1
準則變項	1
測量的類別	名義
類別的數目	2
測量時機點	1

一、研究設計

Phi 相關係數量化了兩個名義變項之間的關連強度。當每一個變項裡剛好只有兩個類別或類目時，它就可以被採用。

當研究者在一組人們（或事物）上測量兩個不同的名義變項時，一般會先執行雙向卡方檢定（參看模組 6）來檢視是否兩變項間存在任何的關連。但這並沒有告訴我們效果量（effect size）。效果量這個專門術語，指出變項間的關連強度，是一種量化指標。像是 Phi 相關係數這種關連強度測量值就是效果量。Phi 值的範圍從 -1.00 至 1.00，離 0 越遠指出越強的關連。

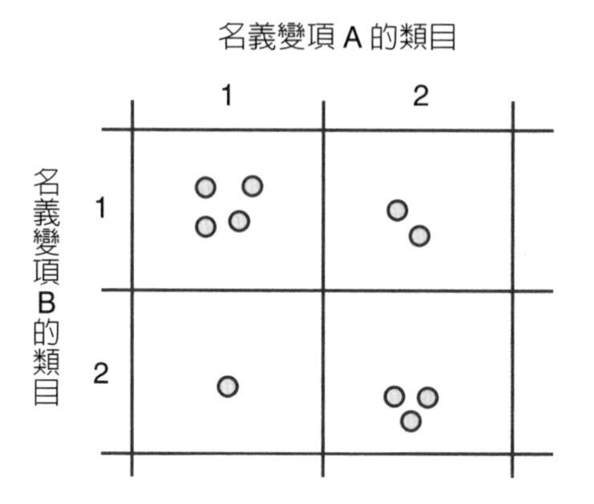

你在一個變項上的類目與你在另一個變項上的類目有關嗎？

二、主要的統計問題

兩個變項之間的關連有多強？

三、會使用 Phi 相關係數的研究範例

你的兩隻耳朵彼此相關嗎？更精確地說，人們兩隻耳朵之間的聽力，存在相關嗎？一位耳鼻喉科醫生想要知道這個問題的答案，並設計了一項研究。他檢測了 38 位病人的左耳，看看他們是否能聽見一種特別難聽見的電子聲調，然後又檢測了他們的右耳。有著兩個名義變項，並且每一個變項剛好只有兩個類目（左耳或右耳和是或否聽見聲調），Phi 相關係數是用來測量兩耳間類似度的適用統計。

四、分析

研究的結果，也就是每一個類目裡的人數，被呈現在下表：

	是	否
右耳	15	5
左耳	7	11

通常研究者會先執行卡方來檢視是否兩變項間存在任何關連，然後再接續執行 Phi 相關。此處的卡方分析是顯著的卡方 = 5.07，$p = 0.024$。此處的 Phi 相關係數是 0.37，$p = 0.024$，指出一個中度的關連。兩耳有著類似的聽力，但沒有多大的一致性。與某些相關係數一樣，Phi 相關係數具有方向性，但因爲是名義變項，所以「方向」並不經常被詮釋。然而，研究者能夠找出方向，如果研究者知道數值如何被指派至統計分析裡。以此研究而言，1 被用來表徵是，而 2 用於否。同樣地，1 被用來表徵右耳，而 2 用於左耳。正相關值意謂著那些在一個變項上於 2 類目較多的，也比較有可能被歸類至另一個變項的 2 類目。換句話說，如果一隻耳朵無法聽見聲調，那麼這隻耳朵比較有可能是左耳。反過來說，當左耳被檢測時，它比較可能無法聽見聲調。藉由相關，我們總是能以兩種方式來描述關連。

五、要考慮的事

（一）雖然每個變項多於兩個類目時，Phi 的數學機制也能夠運作，克拉默 V 係數（參看模組 27）卻是更好的選擇。

（二）對於這個 2×2 設計而言，計算出的 Phi 值會同等於克拉默 V 係數。

（三）Phi 相關的顯著性總是會與卡方分析結果的顯著性一樣。

（四）兩變項間可以存在完美的關連，但 Phi 值仍然可能不會是 1.0。雖然這並不常見，但有時會發生，當每個名義變項裡的類目數不相等時。

六、啟發此範例的真實研究

Kuhn, G. M. (1973). The Phi coefficient as an index of ear differences in dichotic listening. *Cortex, 9,* 447-457.

模組 27

克拉默 V 係數（Cramer's V Coefficient）

預測變項	1
測量的類別	名義
類別的數目	2+
組別的數目	1
準則變項	1
測量的類別	名義
類別的數目	2+
測量時機點	1

一、研究設計

克拉默V係數檢定產生兩個名義變項間的相關係數。它比 Phi 相關係數（參看模組 26）更常用，因爲它能夠被用於兩變項間任何數目的類目或類別，而非只有兩個。就像是所有的相關係數一樣，克拉默 V 係數是一個效果量，這意謂著它是變項間關連強度的一個估計值。它的範圍從 0 至 1.0，而越接近 1.0 關連就越強。實務上，克拉默 V 係數通常接續在雙向卡方分析（參看模組 6）之後。雙向卡方指出兩個名義變項間有關連，而克拉默 V 係數告訴你這個關連有多強。它也能夠被用來當作多元邏輯迴歸（參看模組 29）的預備步驟，用來指認好的預測變項候選者。

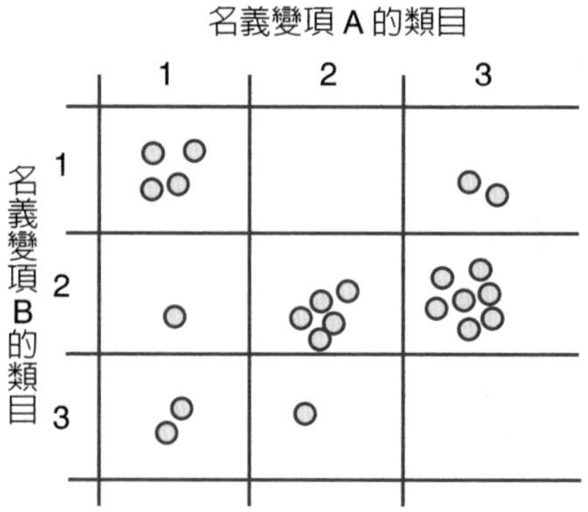

名義變項 A 的類目

1 2 3

名義變項 B 的類目

1 2 3

你在一個變項上的類目與你在另一個變項上的類目有關嗎？

二、主要的統計問題

兩個變項之間的關連有多強？

三、會使用克拉默 V 係數的研究範例

在一個組織裡越爬越高較快樂，或是待在同樣的職位擔負著同樣的責任就能令你滿足？一位研究者調查一個大企業裡 286 位任職不同層級的經理，並且詢問他們是否滿意於目前的工作（是或否），而他們有多常被升職。升職變項被認爲是向上動量並且被編碼成三個類目，分別反映經驗的動量（最小、適中、最大）。因爲有著兩個名義變項（事實上，動量的編碼被視爲順序類別變項），所以使用克拉默 V 來算出關連的強度。

四、分析

兩個變項上，每個類目裡的經理數量，被呈現在下表：

	向上動量		
	最小	適中	最大
滿意	11	32	18
不滿意	101	94	30

雙向卡方首先被計算，來檢視是否存在任何的關連。卡方檢定是顯著的，卡方 = 17.8，$p \leqq 0.001$。伴隨的克拉默 V 係數是 0.25，$p \leqq 0.001$。研究者以相關係數值來詮釋 V，所以 0.25 的 V 值指出小至中度的關連。那些很少升職的最有可能不滿意，然而這間公司有著不滿意的傾向，不論一個人有多少的向上動量。

五、要考慮的事

（一）就像所有的相關係數一樣，克拉默 V 看起來像是一個比例，但它並不是。我們不把克拉默 V 係數 0.45 視爲 45%。

（二）克拉默 V 的計算奠基於雙向卡方分析。據此，克拉默 V 的顯著性會與卡方分析的顯著性一樣。

（三）如果每個變項裡剛好只有兩個類目，克拉默 V 係數會與 Phi 相關係數一樣。這暗示沒有使用 Phi 的必要性，除了傳統上的需要。許多教科書與統計軟體建議當每個變項裡只有兩個類目時，研究者應該使用 Phi，而非克拉默 V，但這麼做的理由並不清楚。也許這是因爲研究者比較熟悉 Phi。

（四）克拉默 V 總是一個正值，但把兩個名義變項間的關連想成像皮爾森相關係數（參看模組 31）那樣的正或負並不正確。如果克拉默 V 係數用於順序類別變項，如同它經常的用法，研究者有時候使用「正」或「負」爲描述詞，即使數值本身從來不會是負值。

六、啓發此範例的真實研究

Grusky, O. (1966). Career mobility and organizational commitment. *Administrative Science Quarterly, 10*(4), 488-503.

模組 28

簡單邏輯迴歸（Simple Logistic Regression）

預測變項	1
測量的類別	名義 +
類別的數目	2+
組別的數目	1
準則變項	1
測量的類別	名義
類別的數目	2
測量時機點	1

一、研究設計

最常見的簡單邏輯迴歸設計具有一個預測變項和一個準則變項，兩者通常是具有兩個類別的名義變項。術語簡單指出只有一個獨變項，通常屬於名義類別，但它不必如此。區間類別變項也能夠被用來當作預測變項。數據從一大組人的這兩個變項上搜集得來，幾乎總是同時。

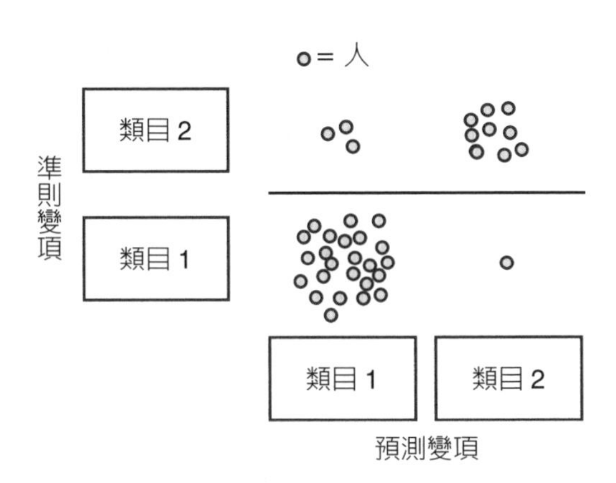

二、主要的統計問題

對於那些獨變項的每個類別（或每個類目裡的每一個分數）而言，它們在依變項上的一個給定類目的機率有多大？

三、會使用簡單邏輯迴歸的研究範例

問卷發給濱海社區的 1,431 位居民。經常食用的漁獲量被評估（想想一週內所有的餐食裡，幾餐有魚）並作爲獨變項。爲了簡化解釋，研究者在這個獨變項上選擇一個「決斷分數」，並且創造一個有著兩個類別的名義獨變項。在這個例子裡，研究者決定獨變項上的關鍵點爲是否村民一週吃兩次以上的含魚餐點。任何少於這個關鍵頻率的就被歸類爲「不經常吃魚者」。問卷包含了測量憂鬱的項目，並且成爲了依變項。如果得分高於憂鬱尺度的容忍點，就被詮釋爲具有憂鬱傾向。

四、分析

假設這項研究產生了下表的數據：

	每週的含魚餐食數	
	0 或 1	多於 1
憂鬱	34	137
不憂鬱	160	1100

在創造了「經常吃魚者」與「不經常吃魚者」這兩

組人之後，統計分析爲不經常吃魚者算出的勝算比（odds ratio）爲 1.41。勝算比指出不經常吃魚者與經常吃魚者相較之下，落入憂鬱組的機率。1.0 的勝算比意謂著兩組人馬落入憂鬱類目的可能性沒有差異。這個 1.41 的勝算比具有統計顯著性，這暗示與吃較大量魚的人們比較下，每週吃較少魚的人有更多且多達41%的機率會得到憂鬱症。

五、要考慮的事

（一）當獨變項屬於區間類別時，勝算比指出，當獨變項每增加一分時，會成爲目標類目身分別的增加或減少機率。

（二）簡單邏輯迴歸和區別分析（參看模組 30）有著相同的設計，如果區別分析的依變項只有兩個類別。選擇哪種程序取決於研究者想要得到的輸出訊息類型。

（三）當只有一個名義獨變項時，研究者通常使用雙向卡方檢定（參看模組 6）而非邏輯迴歸，因爲它的簡單性。

（四）當邏輯迴歸裡有多於一個預測變項時，多元邏輯迴歸（參看模組 29）就被採用。此外，如果依變項多於兩個類目，研究者就會使用多分類邏輯迴歸（multinomial logistic regression）。

（五）這類數據經常被繪製成一條機率曲線。沿著在 X 軸上的獨變項分數移動，位於依變項上所選擇組別的機率爲何？在 X 軸上某個點的典型跳躍，創造了常見的邏輯曲線（logistic curve）。

六、啓發此範例的真實研究

Tanskanen, A., Hibbeln, J. R., Tuomilehto, J., Uutela, A., Haukkala, A., Viinamaki, H., et al. (2001). Fish consumption and depressive symptoms in the general population in Finland. *Psychiatric Services, 52,* 529-531.

模組 29

多元邏輯迴歸（Multiple Logistic Regression）

預測變項	2+
測量的類別	名義 +
類別的數目	2+
組別的數目	1
準則變項	1
測量的類別	名義
類別的數目	2
測量時機點	1

一、研究設計

當研究者有兩個或更多的預測變項和一個只有兩個類別的名義依變項時，就適用多元邏輯迴歸。術語多元指出不只一個預測變項。預測變項可以是名義或更高類別，或都有，但當預測變項都是只具有兩個類別的名義變項時，邏輯迴歸裡的詮釋會比較簡單一點。所有變項的數據通常同時從一大組人們身上搜集得來。

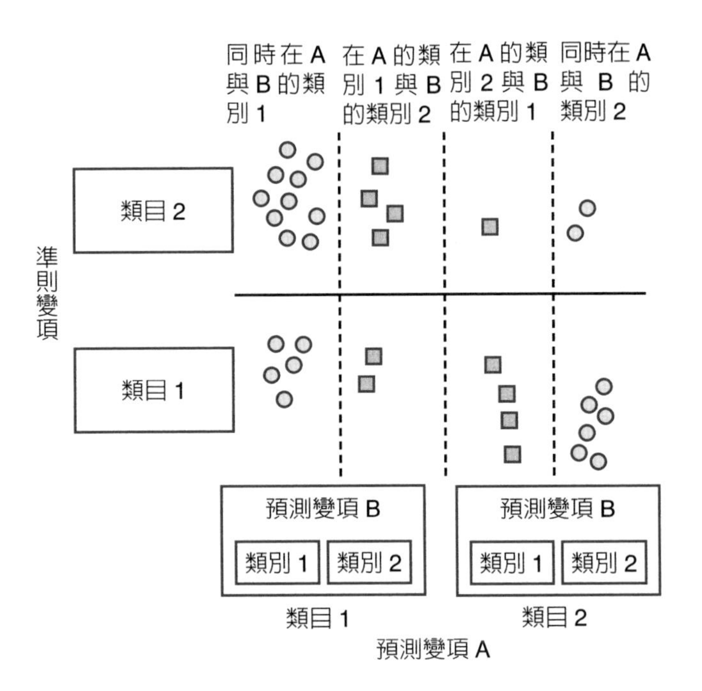

二、主要的統計問題

對於那些獨變項的每個類別（或每個類目裡的每一個分數）而言，它們在依變項上一個給定類目裡的機率有多大？

三、會使用多元邏輯迴歸的研究範例

研究者想要了解，日光浴是不是增加了得到皮膚癌的危險性。他們招募了兩種類型的人們，那些有皮膚癌的與那些沒有皮膚癌的，並且形成一個大組。兩個理論上是皮膚癌的危險因子被選中成為名義獨變項，並且具有兩個類別。它們分別是工作型態（室外或室內）與日光浴的能力

（好的日光浴者與差的日光浴者）。名義依變項是有沒有皮膚癌。

四、分析

和簡單邏輯迴歸（參看模組 28）一樣，多元邏輯迴歸也會產生勝算比，以便詮釋結果。勝算比指出落入依變項某個給定類別的勝算。有多個預測變項，那麼勝算比就爲每一個預測變項而計算，計算時通常讓其餘預測變項保持不變，所以每一個預測變項的獨立貢獻就可以被看見。〔這類似多元線性迴歸（參看模組 33）所運作的方式，當計算每一個獨變項的預測權數時，控制住所有其餘的預測變項。〕想像這份研究的結果看起來如下表：

獨變項	勝算比	95% 信賴區間
有著室外工作的人們	1.77	0.86-4.03
差的日光浴者	2.20	1.61-3.20

請注意，爲了簡化，只有研究者認爲會造成差異的關鍵獨變項類別被呈現。爲那個類別計算勝算比。和所有的推論統計一樣，存在勝算比眞實母數的假定範圍，樣本值落入這個範圍。大多數的邏輯迴歸分析爲每一個勝算比計算那個範圍，以 95% 信賴區間呈現。勝算比 1.0 指出預測變項與準則變項之間沒有關連，所以如果信賴區間包含 1.0，那麼伴隨的勝算比就不具有統計上的顯著性。因此，這些結果的詮釋如下，有沒有在室外工作在皮膚癌的

發展上沒有差異。然而，有著沒有晒得好的皮膚，發展出皮膚癌的可能性高達兩倍（勝算比是 2.2）。

五、要考慮的事

（一）多元邏輯迴歸與區別分析（參考模組 30）的設計一樣，如果區別分析的依變項只有兩個類別。選擇哪種程序取決於研究者想要得到的輸出訊息類型。

（二）當邏輯迴歸裡只有一個預測變項時，分析就以簡單邏輯迴歸（參看模組 28）論及。

（三）有一種形式的邏輯迴歸能夠用於依變項有多於兩個類目的情況。那種程序被稱作多分類邏輯迴歸。

六、啓發此範例的真實研究

Dubin, N., Moseson, M., and Pasternack, B. S. (1989). Sun exposure and malignant melanoma among susceptible individuals. *Environmental Health Perspectives, 81,* 139-151.

模組 30

區別分析（Discriminant Analysis）

預測變項	2+
測量的類別	名義 +
類別的數目	2+
組別的數目	1
準則變項	1
測量的類別	名義
類別的數目	2+
測量時機點	1

一、研究設計

研究者可以使用區別分析來檢視獨變項與一個名義依變項之間的關係，方式是看看獨變項能多正確地歸類人們或事物於代表依變項的組別裡。有著任何測量類別的一個或更多個獨變項（或預測因子），被用來猜測每一個人（或事物）應該被放置在哪個類目裡。所有變項的數據搜集自一大組人，通常是同時搜集。

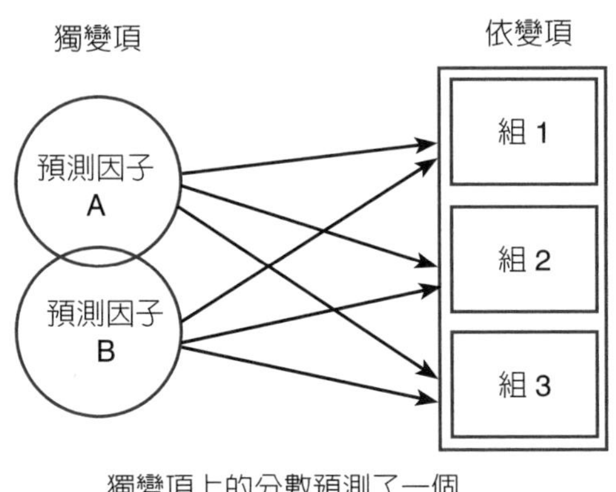

二、主要的統計問題

每個預測變項能多有效地正確歸類人們（或事物）至依變項的每個類別裡？整體的歸類有多準確？

三、會使用區別分析的研究範例

620 位大學新鮮人被追蹤十年，看看他們是否 (1) 畢業、(2) 因為學業而輟學，或者 (3) 因為非學業理由而輟學。研究者感興趣於是否一年後的 GPA（學業成績總平均），或他們的 SAT 分數，能協助預測他們最後的成功。最後的畢業或輟學狀態是具有三個類目的依變項，而 SAT 分數與新鮮人的 GPA 是兩個區間類別獨變項。

四、分析

詮釋區別分析的重點放在每一個預測變項的相對貢獻。被稱作函數（function）的線性組成被創造〔類似多元線性迴歸（參看模組 33）裡所創造的線性公式，或探索性因素分析（參看模組 35）裡所產生的因素〕。當多於兩個預測變項被使用，或是依變項有多於兩個類目時，區別分析產生不只一條函數。每一條函數代表了組別差異的不同方式。在此例裡，我們只呈現並詮釋第一條函數（也就是把分類工作做得最棒的那一條）。

	函數 #1
SAT	0.359
First-year GPA	1.017

原始的數據顯示 48.4% 的對象被正確地分類。

在此分析裡，和 SAT 的表現比較下，第一年的學業成績總平均與順利畢業的關連較強（GPA 的標準化權數 1.02，大約是 SAT 權數 0.36 的三倍）。使用這些預測變項，我們能夠以 48.4% 的準確率把學生放入三個組別。要看看這是否是個好的擊中率，我們需要把這個百分率拿來與在最大組裡的百分率進行比較（因爲如果我們一無所知，我們的最佳猜測將會配合最大的組別）。在此研究裡，三個組別的自然發生百分率爲 50% 畢業[譯註 1]，29% 因學業而輟學，以及 21% 非因學業而輟學。因爲 48.4% 小於 50%，使用這些變項可能不會讓我們更能指認出有輟

譯註 1：使用的公式爲 n/N，n 代表最大組裡的人數，而 N 代表全部樣本量。以此例而言，50/100（50%）代表最大組被正確分類的機率。

學危機的學生。

五、要考慮的事

（一）區別分析也被稱爲區別函數分析（discriminant function analysis）。

（二）區別分析不同於多元邏輯迴歸（參看模組 29），因爲依變項的類別能夠多於兩個。

（三）如果依變項的訊息完善且持續屬於區間類別，使用多元線性迴歸很可能會比較好，因爲迫於使用只有幾個類目的依變項會導致訊息喪失。

（四）不要混淆區別分析與用來創造組別的集群分析（參看模組 37）。區別分析檢視已經存在的組別。

（五）區別分析能夠被翻轉，而此時就適用多變量變異數分析（參看模組 14）。那麼，獨變項就變成依變項，而依變項就變成獨變項。研究問題就變成，對任何的依變項而言，是否獨變項組別平均數具有差異。注意，這與正確分類的問題是不同的研究問題。

模組 31

皮爾森相關係數（**Pearson Correlation Coefficient**）

預測變項	1
測量的類別	區間
類別的數目	許多
組別的數目	1
準則變項	1
測量的類別	區間
類別的數目	許多
測量時機點	1

一、研究設計

皮爾森相關是祖父級的統計技術。它比所有其他統計還要老，於 1800 年代末發展出來，以一種標準化且容易詮釋的方式，測量兩變項之間的關係。所有相關係數的設計，包含皮爾森，都涉及一組人（或事物）在兩個變項上被測量。當兩個變項都是區間類別時，就適用這項統計。因為科學家通常試著以區間類別來測量他們的變項，於是皮爾森相關係數被廣泛地使用，最早被教授給學生，並且甚至一般大眾也有點熟悉。

皮爾森相關係數的範圍從 –1.0 至 +1.0，而它的數學以一種很精明的方式給我們兩變項間所存在關係的兩個訊息。絕對值（忽略正負號）反映了關連的強度。接近 0 的相關指出兩變項間具有微弱的關連。遠離 0 的相關，不論正負，指出一個強而有力的關連。正號或負號指出關連的方向。正值的相關就說具有正相關，也就是一個變項的分數越高（或越低），另一個變項的分數也越高（或越低）。如果一個變項的分數越高，而另一個變項的分數越低，就是負相關，反之亦然。請記住，即使是負相關也能夠強而有力。是數值本身告訴我們關連的強度。

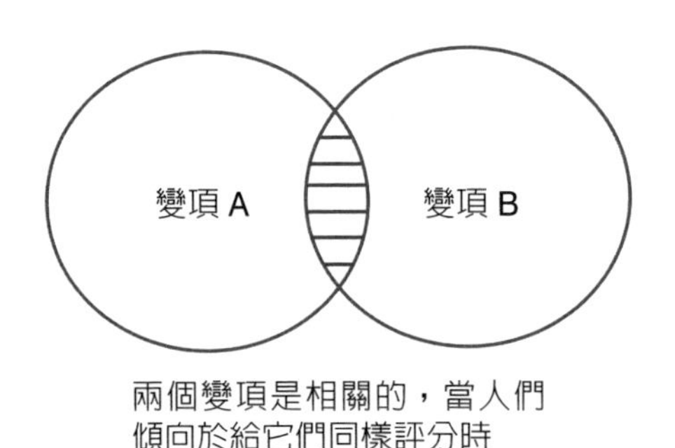

兩個變項是相關的，當人們傾向於給它們同樣評分時

二、主要的統計問題

兩變項間的關連有多大，並且是哪個方向？

三、會使用皮爾森相關的研究範例

收入已經被發現與個人的健康有關。那些擁有較少財富的也比較不健康。對於那些研究社區並且計畫提供健康服務的研究者而言，住宅區的收入水準或許是其居民需要健康服務的線索。爲了看看是否這層關連強到足夠用於健康服務計畫，數據搜集自英格蘭雪菲爾地區的 100 個住宅區。兩個區間變項是相關的。有一個貧窮指標作爲一個變

項，包含了住宅區裡接受政府補助家眷數的百分率與無房產的百分率。另一個變項是住宅區裡於英格蘭全國普查上報告「不健康」的人數百分率。

四、分析

用皮爾森相關計算 100 個住宅區的配對分數。相關係數是 0.85 並且具有顯著性，$p \leqq 0.001$，這指出兩變項間有很強的正相關。換句話說，貧窮這個變項能夠被用來估計健康狀況。有鑑於健康被測量的方式，貧窮指數越高就意謂著健康不好的機率越高。作爲一個效果量（指出變項間關連強度的數值），皮爾森相關係數的大小比它的顯著水準還要重要。

五、要考慮的事

（一）皮爾森相關係數並不是一個比例，雖然當它是正值時，看起來很像。然而，如果你平方一個皮爾森相關係數，你的確得到一個比例。它是兩變項間共享的變異比例，或者是一個變項裡的變異比例，而這個變異比例能夠歸因於另一個變項，或是共享訊息的量，或者（想像皮爾森相關是兩個重疊的圓圈）是兩變項間重疊的比例。

（二）許多教科書與教授喜歡使用皮爾森相關係數的全名 Pearson product moment correlation。數學裡的「moment」是描述一組數值的數字。例如：one moment 是所有數值的總和。The first moment 是數值的平均數，而當 moment 本身被使用時，它指的是平均數。簡單地說，把配對的分數相乘，然後平均那些向量積，就計算出了相關係數。這產生了一個 product moment 相關。

（三）皮爾森相關反映了一致性。所以，它可以被用來估計一組分數的信度，來看看一份測驗或測量方法裡存在多少的隨機性。

（四）有兩組詮釋相關的標準。在大多數的社會科學領域裡，黃金準則是：0 至 0.30 = 小，0.30 至 0.50 = 中，以及 0.50 以上 = 大。如果要作爲測驗的效度或信度，黃金準則爲：0 至 0.30 = 小，0.30 至 0.70 = 中，以及 0.70 以上 = 大。

（五）有著正號的相關被以正面關係來談論，當然不論如何，它們暗示一件好事或壞事。例如：收入水準與健康不佳之間的「正」相關，可能並不會讓人感覺多好。

六、啓發此範例的真實研究

Alwan, N., Wilkinson, M., Birks, D., and Wright, J. (2007). Do standard measures of deprivation reflect health inequities in older people? *Journal of Public Health Policy, 28*(3), 356-362.

模組 32

簡單線性迴歸（Simple Linear Regression）

預測變項	1
測量的類別	區間
類別的數目	許多
組別的數目	1
準則變項	1
測量的類別	區間
類別的數目	許多
測量時機點	1 或 2

一、研究設計

簡單線性迴歸使用一個變項去猜測人們如何在另一個變項上評分。它的研究設計與皮爾森相關係數（參看模組 31）是一樣的，而皮爾森相關是簡單線性迴歸分析的核心。數據搜集自一組的兩個區間類別變項，並且一個相關係數被計算。然後，一個程序被用來估計或預測某個準則變項上的分數會如何，藉由知道預測變項上的分數。研究者使用簡單線性迴歸於兩種情況。有時候，他們想要預測未來的一個分數，像是入學招生委員檢視學生的高中成績來猜測其大學的 GPA 分數。其他的時候，研究者想要探索兩變項間的關係來更好地了解它們。在第一種情境下，我們傾向於說我們正在預測分數。在第二種情境下，我們正在估計分數。

迴歸的策略是去創造一條公式，而公式使用了相關係數與兩組分數間的訊息（它們的平均和變異）。這條公式允許我們輸入任何預測分數，並且得到可能的準則分數。如果你把所有可能的準則分數與配對的預測分數弄成散點圖，你會看出一條直線，這也表徵了公式。所以，我們稱迴歸程序爲線性，而這條線被稱作迴歸線。我們的猜測就落在這條線上。

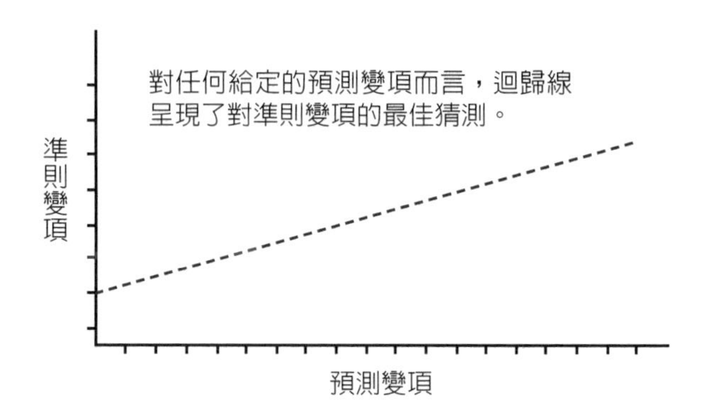

二、主要的統計問題

使用這條迴歸線所進行的猜測有多準確？

三、會使用簡單線性迴歸的研究範例

大學無法容納所有投送申請書的高中畢業生，所以招生辦公室必要使用一些訊息來猜測誰會有成功的大學生涯，以便做出招生的決定。一個普遍的預測變項總是 SAT 分數。在 1960 年代末期，大學生群體正在變化，研究者想要了解 SAT 語彙分數，這是個範圍從 200 至 800 的區間類別變項，以及第一年大學成績平均（GPA），範圍從 0.00 至 4.00，之間的實際線性關係爲何。他們從大約 4,000 位學生樣本身上搜集這兩個變項上的數據。

四、分析

簡單線性迴歸產生一條使用預測變項來預測準則變項的公式。這條公式包含了某個常數（一個開始的數值，它奠基於平均數與兩個變項的變異）和一個與預測變項相乘的權數（weight）。在這項研究裡，SAT 語彙分數與大學第一年 GPA 之間的相關係數是 0.48，這表示它應該是個相當好的預測變項。創造出來的迴歸公式如下：

預測的 GPA = –0.667 +（0.0051×SAT 語彙分數）

入學招生委員可以利用這條公式，採用 SAT 語彙分數來預測第一年的 GPA。例如：如果申請者的語彙分數是 500，計算看起來像這樣：

$$-0.667 + (0.0051 \times 500)$$
$$= -0.667 + (2.55)$$
$$= 1.88$$

五、要考慮的事

（一）如果兩個變項都被標準化而具有相同的平均與變異，那麼預測變項的權數就會是兩個變項的皮爾森相關係數。

（二）當研究者希望泛論其發現來描述變項間的一個普遍關係時，他們有時候會移除樣本裡的離群值（outliers），目的是為了不讓恰巧發生在樣本裡的古怪所誤導。離群值是那些遠離迴歸線的預測分數。

（三）迴歸意味著回到某個重要數值。迴歸線的成分有平均準則分數，這是預測變項與準則變項之間的相關所估計出來的。雖然實際上，這個預測對大多數的分數而言是錯的，但平均上，你對準則變項分數的最佳猜測要「回到」那條迴歸線上。

（四）術語簡單通常被統計學家當作是「一」的意思。例如：簡單線性迴歸只使用一個預測變項。

六、啓發此範例的真實研究

Cleary, T. A. (1968). Test bias: Prediction of grades of Negro and White students in integrated colleges. *Journal of Educational Measurement, 5*(2), 115-124.

模組 33

多元線性迴歸（Multiple Linear Regression）

預測變項	2+
測量的類別	區間
類別的數目	許多
組別的數目	1
準則變項	1
測量的類別	區間
類別的數目	許多
測量時機點	1

一、研究設計

多元線性迴歸類似簡單線性迴歸（參看模組 32），但是它使用多個預測變項的分數來估計一個準則變項。分數搜集自一組人們（或事物）身上的多個區間類別預測變項和一個區間類別準則變項。多元線性迴歸產出一條使用全部預測變項來預測準則變項的迴歸等式。背後的數學精巧地找出一條最佳等式來盡可能接近實際的準則變項分數。在多元線性迴歸裡所產出的等式，包含了每一個預測變項和與其相乘的權數。當權數被標準化時，它就被稱作 Beta 權數（Beta weight）。Beta 權數呈現每一個預測變項對準則變項的獨立貢獻（或與準則變項的獨立關係）。透過這種方式，多元迴歸給我們不同且更好的訊息，強過我們只看每一個獨變項和準則變項之間的相關所獲得的訊息。多元迴歸改進了只使用一個預測變項的預測準確度，也允許我們互相比較預測變項，看看它們在概念上與實務上而言的相對重要性。

多元迴歸控制預測變項間多餘的、重疊的訊息，建構一條等式來反映每一個預測變項與準則變項之間純粹的、獨立的關係。

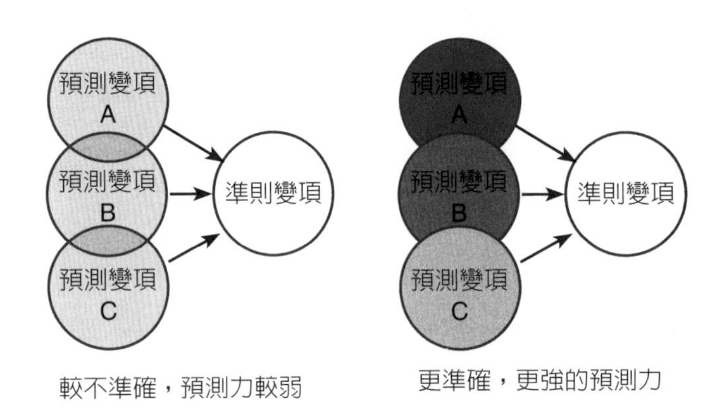

二、主要的統計問題

每一個預測變項對準則變項的相對貢獻爲何？

三、會使用多元線性迴歸的研究範例

心理學研究者想要知道何種童年生活因子預測了（或產生相關）生活品質。在 364 位孩童與其父母身上進行幾種測量，以便執行具有四個區間類別預測變項（兒童心理健康問題、兒童社交技巧、來自家庭的社會支持度、生活壓力事件數）的多元迴歸，具有一個區間類別準則變項（健康定義下的兒童生活品質、朋友數、學校成就，以及情緒功能）。

四、分析

多元迴歸產生一個多元相關係數（multiple R），這是所預測的準則變項分數與實際準則變項分數之間的相關。此研究的多元相關係數是 0.47，指出生活品質與四個預測變項之間具有中度關連。計算表格裡的 Beta 權數，以便互相比較預測變項。

生活品質的最佳預測因子是兒童心理健康問題。負的權數指出這個因子越少，兒童生活品質就越高。生活品質與社交技巧之間的關係是顯著的，並且是正向的，而生活壓力事件數與生活品質是負相關。請注意，社會支持對生活品質沒有貢獻。這並不是說它不重要，而是它提供的訊息也許已經被其他預測因子所解釋。研究者詮釋這些結果，並且說心理健康的重要性大約是社交技巧或生活壓力事件的四或五倍。

預測變項	Beta 權數
心理健康問題	–0.81*
社交技巧	0.17*
社會支持	0.01
生活壓力事件	–0.14*

*$p < 0.05$

五、要考慮的事

（一）如果只有一個預測變項，那麼預測變項的標準化權數會是皮爾森相關係數。然而，如果有多個預測變項，事情就不是這樣。標準化的 Beta 權數指出與準則變項的獨立關係，考慮了（控制或「移除」）每一個預測變項與其他預測變項之間的關係。因為預測變項總是會彼此相關，Beta 權數就不會與皮爾森相關係數一樣了。

（二）多元線性迴歸所產生的預測公式，使得多元相關係數總是正值。如果你平方它，你會得到準則變項上同時被多個預測變項所解釋的變異比例（proportion of variance）。

（三）典型相關（參看模組 34）是有著多個準則變項的多元迴歸。

六、啓發此範例的真實研究

Bastiaansen, D., Koot, H. M., and Ferdinand, R. F. (2005). Determinants of quality of life in children with psychiatric disorders. *Quality of Life Research, 14*(6), 1599-1612.

模組 34

典型相關（Canonical Correlation）

預測變項	2+
測量的類別	區間
類別的數目	許多
組別的數目	1
準則變項	2+
測量的類別	區間
類別的數目	許多
測量時機點	1

一、研究設計

當研究者想要檢視幾個區間類別獨變項與幾個區間類別依變項之間的關連時，就可以採用典型相關。有點類似多元線性迴歸（參看模組 33），不同的是典型相關檢視一群線性組合的預測變項能多大程度地解釋一群線性組合的準則變項。想像多個預測變項有什麼共通點，可以成爲單獨一個變項。那個變項與幾個準則變項的共通點的關連有多強？當一個抽象的準則變項無法很好地用單一分數或測量策略來測量時，典型相關就適用。

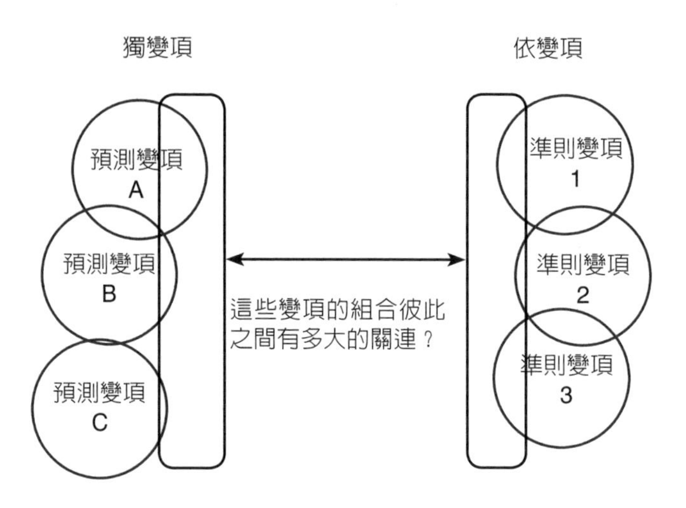

二、主要的統計問題

這些預測變項與那些準則變項，它們之間的關連性有多強？

三、會使用典型相關的研究範例

研究者相信，一位好老師應該重視杜威的教育原則，杜威是一位二十世紀哲學家，他相信學生在學習上應該要有發言權。何種人格特質與這個價值體系有關？三種表徵此哲學的測量被指認，其中兩種是態度問卷，一種是個人信念的彈性程度。這些測量上的分數被選擇作爲依變項或準則變項。獨變項（或預測變項）是三種人格特質（感性 vs. 理性，想像 vs. 實務，以及嘗試 vs. 保守）。

四、分析

典型相關要找出，能與最佳的準則變項組成產生盡可能高相關性的最佳預測變項組成。這個組合就是典型函數（canonical function）。能定位許多函數，但通常只有第一個函數是顯著的並被詮釋，而就是這個函數被呈現在下表。結果看起來像這樣：

		標準化權數
預測變項	感性	0.345
	想像	0.462
	嘗試	0.508
準則變項	杜威信念測驗 1	0.748
	杜威信念測驗 2	0.533
	彈性程度	0.195

權數就是公式上用來定義兩方線性組合的權重值。它們能夠被互相比較，看出每個變項的相對貢獻。假設整體的相關與每一個權數都具有統計顯著性，這就似乎告訴我們杜威哲學（大多由第一個杜威信念測驗所定義）與嘗試、想像以及感性的人格特質產生關連。

五、要考慮的事

（一）如同多元線性迴歸，典型相關能夠包含名義變項。它們以虛擬變項（dummy variable）的方式被記錄，只有兩個類別（或二分法）來表徵名義變項。

（二）由於可能存在大量的獨變項和大量的依變項，許多其他的統計程序能夠被想成是典型相關的特有範例。

（三）典型相關是一種多變量（multivariate）法，這意謂著統計分析並不針對單一變項的配對，而是針對多個結果變項的組合。因此，它利用模糊的概念，找出可能更爲正確與更有意義的測量。

六、啓發此範例的真實研究

Elmore, R. F., and Ellett, C. D. (1978). A canonical analysis of personality characteristics, personal and teaching practice beliefs, and dogmatism of beginning teacher education students. *Journal of Experimental Education, 47*(2), 112-117.

模組 35

探索性因素分析（Exploratory Factor Analysis）

預測變項	2+
測量的類別	區間
類別的數目	許多
組別的數目	1
準則變項	2+
測量的類別	區間
類別的數目	許多
測量時機點	1

一、研究設計

探索性因素分析檢視一群區間類別變項之間的關連。這種程序的特定目標是要發現看不見、未測量的理論上的變項，而這些變項能解釋那些關連。當我們有許多不同的分數來代表許多不同的變項時，也許實際上可以用少數幾個變項來反映那許多不同的分數。統計學家稱這些理論上的潛藏因子爲潛在變項（latent variables）。潛在意謂著隱藏。如果幾個已測量的變項關連在一起，也許它們都眞的代表一個變項，只是我們恰巧沒有（或無法）直接測量到它。使用的策略是去詮釋變項間的相關，作爲它們測量到同一件事的證據。有兩個常見的原因使研究者執行探索性因素分析。通常，探索性因素分析被用來了解許多變項間的關連，以便建立一個理論或概念模型，表徵那些變項和這個世界。此外，測量專家們使用探索性因素分析，協助決定測驗裡哪些題項應該結合在一起且成為一個分數，並用來代表某個變項。

A,B,C 之間的相關以及 D,E,F 之間的相關告訴我們，兩個沒有被測量到的潛在因子可以解釋這六個已測量變項。

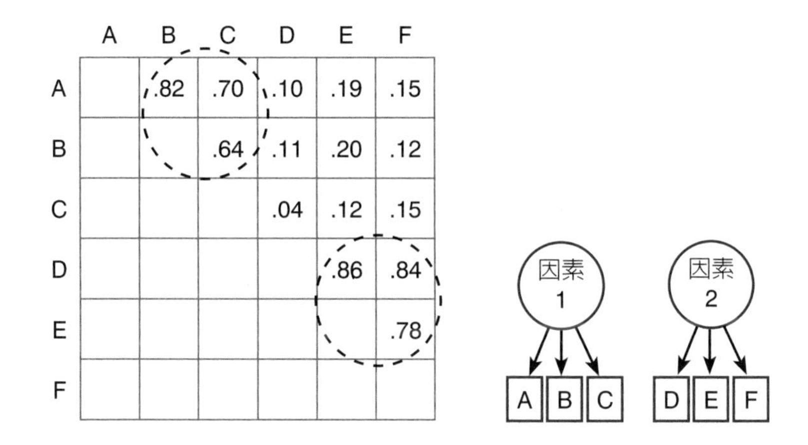

二、主要的統計問題

哪些因子最佳解釋了變項間觀察到的相關模式？

三、會使用探索性因素分析的研究範例

當你被某人傷害時你會做什麼？研究者對 1,030 人詢問這個問題，並且建議考慮六種回應。參與者在七點量尺（1 = 很不可能到 7 = 很可能）上評分每一種回應，表示他們以這種方式反應的可能性。所有六個變項（考慮的六種回應選擇）上的分數都進行相關分析，而那些相關被用

來執行一項探索性因素分析。我們想要知道，是否存在少數幾個潛在因子，這幾個因子解釋了這六種選擇上的分數嗎？

四、分析

探索性因素分析的結果被呈現在下表，可以看出每個變項在每個因素上的負荷量（loading）。一個負荷量是一個標準化的數值（–1.0 至 +1.0），呈現每個變項與每個因素之間的關連有多強。有著高負荷量的那些變項，幫助我們想清楚要如何定義與命名那個因素。對本研究的分析指出，這六個項目的負荷量可歸於兩個因素：

你被傷害時會做什麼？	因素 1	因素 2
我試著忽略它	0.63	0.12
我試著忘卻，讓我好過點	0.55	0.23
我試著忘卻，因為忘卻是美德	0.50	0.15
我與他們討論這件事	0.19	0.51
我要求他人的寬恕	0.14	0.46
我向他們道歉	0.03	0.35

請注意，有三個變項與因素 1 產生高度關連，但與因素 2 的關連相當弱，而三個變項與因素 2 的關連高，但與因素 1 就沒有那麼高。這些相當「乾淨」的負荷量指出，當受傷害時存在兩種回應方式。因素 1 是內在反應方式，而因素 2 涉及與引起傷害者的互動，像是和他們對談或道歉。

五、要考慮的事

（一）因爲有許多可接受的方式來發現因素，並且量化每個變項對一個因素的負荷量，所以統計學家在過程當中會做出許多主觀決定。這些抉擇與關於何種因素模型是最好的那些假設有關。據此，因素分析部分是藝術，部分是科學。

（二）探索性因素分析檢視真實世界的分數，並發現它們之間所浮現的關連模式，以便建立關於未見（unseen）變項的理論。驗證性因素分析（參看模組 36）剛好相反。它一開始是關於未見變項的理論，並且想要看看是否眞實世界的分數間存在關連的模式，並且與那個理論一致。

（三）當研究者在探索性因素分析裡做決定時，並不常使用決定一個因素與因素負荷量統計顯著性的方法。

（四）在一些統計軟體裡，像是 SPSS，因素分析被歸類在「數據約化」的選單裡，因爲它的目標就是要減少需要被討論的變項數目。

六、啓發此範例的真實研究

Gorsuch, R. L., and Hao, J. Y. (1993). An exploratory factor analysis and its relationships to religious variables. *Review of Religious Research, 34*(4), 333-347.

模組 36

驗證性因素分析（Confirmatory Factor Analysis）

預測變項	2+
測量的類別	區間
類別的數目	許多
組別的數目	1
準則變項	2+
測量的類別	區間
類別的數目	許多
測量時機點	1

一、研究設計

驗證性因素分析開始著手於一個理論，或統計學家所稱的模型，這個理論或模型描述了變項間的關係，而驗證性因素分析檢視，是否眞實世界實際數據的整體關連就如理論所期待的那樣。某種程度上而言，它是探索性因素分析（參看模組 35）的相反，探索性因素分析以變項間的相關爲開端，然後建立一個理論來解釋它們。驗證性因素分析是這樣的，分數搜集自一組人們（或事物）上的許多區間類別變項，然後搜集到的相關與理論而言的相關進行比較，如果理論是正確的話。如果變項眞的與所期待的有關，那麼理論就被驗證。存在幾種統計值以供選擇，它們指出，變項間的相關符合理論期待的程度。這些被稱爲適合度（goodness-of-fit）統計值。驗證性因素分析和其他的因素分析一樣，並不是統計值的顯著性導致是否數據適合模型的結論。反之，是否數據足夠適合一個模型，通常是一個判斷的問題。

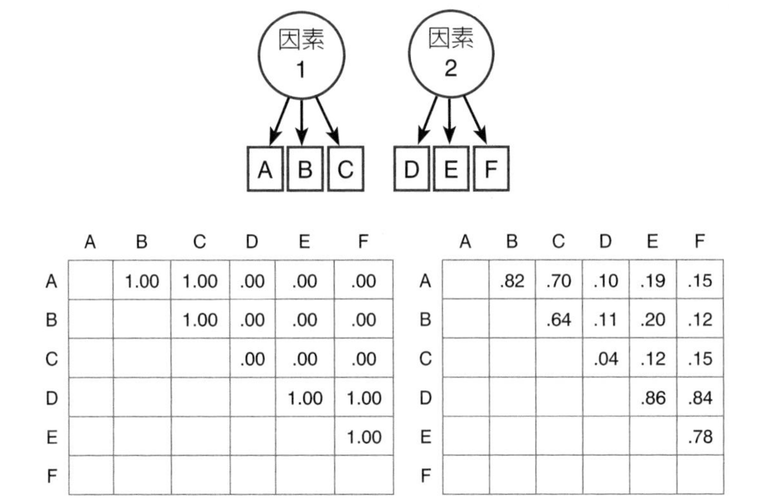

	A	B	C	D	E	F
A		1.00	1.00	.00	.00	.00
B			1.00	.00	.00	.00
C				.00	.00	.00
D					1.00	1.00
E						1.00
F						

	A	B	C	D	E	F
A		.82	.70	.10	.19	.15
B			.64	.11	.20	.12
C				.04	.12	.15
D					.86	.84
E						.78
F						

二、主要的統計問題

變項間的相關，多大程度地符合理論期待？

三、會使用驗證性因素分析的研究範例

創傷後壓力症候群（PTSD）源自於面對壓力事件所引起的強烈情緒反應。PTSD 的普遍定義包含這四種特質：情緒麻痺、過度警覺（高度不安）、重複經驗（持續地回憶或「再體驗」事件），以及努力逃避（避免回憶事件）。研究者想要看看兩種創傷後壓力症候群模型當中，

哪一種把這些變項間的相關解釋得最好。「一因素」模型暗示，四個變項代表了一件「事」，也就是創傷後壓力症候群。「二因素」模型暗示，情緒麻痺與過度警覺形成了「情緒反應」因素，而重複經驗和努力逃避形成了一種「認知行爲」因素，它們共同定義了創傷後壓力症候群。研究者想要知道哪個模型比較適合數據。

四、分析

兩個彼此競爭的模型圖被呈現在此處：

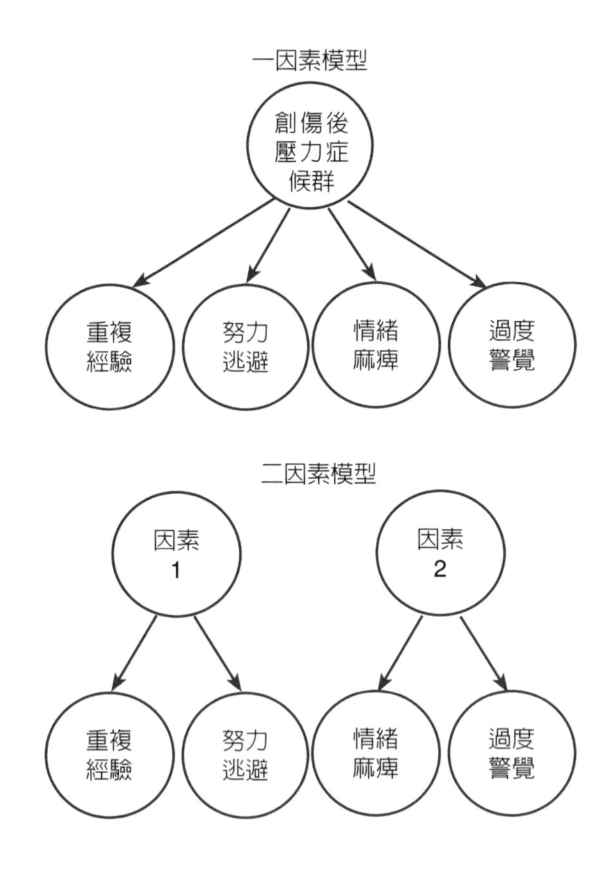

一份 524 人的樣本數據被搜集，這些變項間被實際測得的相關與模型所建議的相關做比較。和每個模型進行比較，每一個比較都計算出兩個適合度指標統計值：一個卡方和一個 RMSEA（近似誤差均方根）。對這兩個統計值而言，越小的數值指出越好的適合度。下表呈現這兩個模型的適合度數值：

模型	卡方	RMSEA
一因素	232.97	0.045
二因素	242.89	0.046

兩個模型的兩種指標很相近，這指出兩個模型在適合度方面不具有意義上的差異。兩個模型都具有同樣的驗證性。可能眞的只有一種稱爲創傷後壓力症候群的單一心理狀態，或者存在兩個不同的狀態，傾向於同時發生，並且共同代表了這個症候群。統計值無法幫助我們理解哪個模型是最好的。以此數據爲基礎，哪個模型較好便端賴理論上的說法了。

五、啓發此範例的真實研究

King, D. W., Leskin, G. A., King, L. A., and Weathers, F. W. (1998). Confirmatory factor analysis of the clinician-administered PTSD scale. *Psychological Assessment, 10*(2), 90-96.

模組 37

集群分析（Cluster Analysis）

預測變項	2+
測量的類別	區間
類別的數目	許多
組別的數目	1
準則變項	2+
測量的類別	區間
類別的數目	許多
測量時機點	1

一、研究設計

如果研究者知道一位個體是某種類型的人，或那位個體具有某個團體的特徵，那麼要了解那位個體就比較容易。所以，社會科學以及所有的科學領域，眞的很渴望去分類與分組人們和事物。這樣做幫助我們了解周遭的世界。然而，有時候，我們正在研究且使用的最佳分組並不明顯。集群分析是分組人們與事物的一種統計方法，利用的是類似性。他們的類似性呈現在不同區間類別變項上的分數裡。這有點像探索性因素分析（參看模組 35），基於變項間的類似性來團結變項。然而，集群分析基於人們之間的類似性把人群聚在一起。此外，因素分析給我們負荷量來呈現一個變項屬於一個因素的關連有多強，但集群分析的負荷量告訴我們一個人屬於一個團體的關連有多強。存在許多策略去定位組裡參與者的「相同性」，而普遍使用接近性（proximity）這個方法。所有組別變項分數間的差異或距離被標準化，並且進行統計分析，通常以圖來呈現結果。一個簡單的集群分析被呈現在此處，分組標準是他們的分數（沒有被標準化），使用兩個變項進行分組。

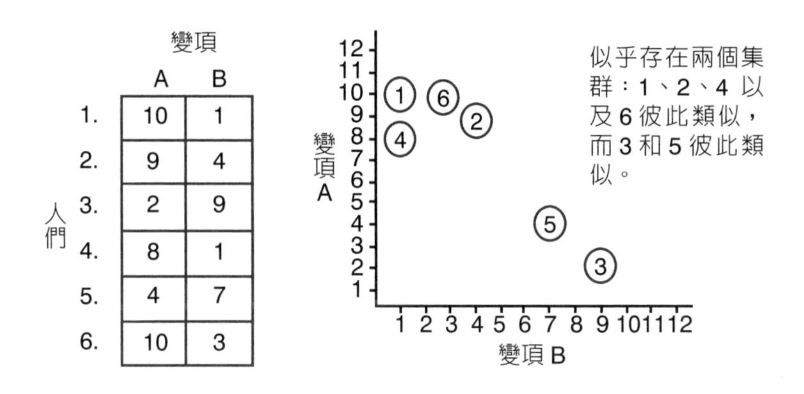

人們	變項 A	變項 B
1.	10	1
2.	9	4
3.	2	9
4.	8	1
5.	4	7
6.	10	3

二、主要的統計問題

基於類似性，分組人們（或事物）的最佳方式是什麼？

三、會使用集群分析的研究範例

買賣股票的基金經理人很可能有不同的風格與偏好。幾位研究者想要知道，是否經理人能夠被歸類至不同的風格集群。他們使用幾種區間類別變項來執行集群分析，樣本是59位投資經理人（代表59個投資公司）。變項是不同經理人所購買與持有股票的本質，測量的分數指出股票潛在的增值、付出的股息、成本低於價值、冒險投資等等。

四、分析

在指認集群的方式上，本研究檢視變項上人們之間的相關係數，用以指認風格最類似的經理人。這最初的步驟定義了集群。然後，使用反覆的程序來提煉集群，盡可能減少集群數，而在集群間仍然保有清楚的「距離」。

在集群分析的最後階段，經理人有兩個明顯不同的集群，大部分的經理人接近（共享特徵）這兩個集群。藉著檢視兩組裡股票檔案不同描述特徵上的分數，研究者能夠定義與命名投資經理人的兩種不同風格。最普遍的風格（有著最多成員的集群）是成長型；這個風格反映了大約三分之二的經理人，購買他們相信收益成長高於平均的公司股票。另一種風格是價值型，大約有三分之一的經理人；他們的策略是使用傳統公式，找出並買入價值被低估與成本低於基本價值的股票。

五、要考慮的事

有許多統計方法可以集群人們（或事物）。研究者決定集群的規則，讓他們更爲合理地達到目標。

如果你曾經在一個變項上測量人們，並且依據他們在那個變項上的分數把它們歸類至不同的組別，你已經執行了一項簡單集群分析。研究者總是在做這件事，當他們為了某種理論上的理由，轉換一個區間類別變項至一個名義類別變項時。

集群分析可比把人們分類至已知組別的區別分析（參看模組 30）。然而，集群分析發現可能的組別，然後把人們分類至這些組別裡。

為了容易討論，在集群分析裡，統計學家通稱被分類者為對象（objects），不論對象是人、或礦物、或事件。

集群分析在行銷研究裡很常見，它被用來指認消費者的類型，並且以人口統計學的類目來分類潛在消費者。你也會常看見集群分析被用來發展生物學的分類體系。

六、啓發此範例的真實研究

Bailey, J. V., and Arnott, R. D. (1986). Cluster analysis and manager selection. *Financial Analysts Journal, 42*(6), 20-28.

模組 38

路徑分析（Path Analysis）

當你想要分析幾個區間類別變項間的相關連結時。

一、研究設計

刻意放在本書最後的有三種相關程序，路徑分析是其中一種，因爲它不符合我們的預測與準則變項格式。與結構方程模型（參看模組 39）和階層線性模型（參看模組 40）一樣，路徑分析在同一個分析裡所使用的變項，其作爲同時具有預測與準則的性質。在路徑分析裡，研究者指認區間類別變項間的相關，並且建立關連的連結或路徑來了解那些變項如何運作在一起。基本上，路徑分析定義一個變項，並且建立一個簡單線性迴歸等式（參看模組 32）來估算那個變項。然後，那個變項在其他的迴歸等式裡變成預測變項。路徑分析以一連串的皮爾森相關係數（參看模組 31），或標準化迴歸權數來審視那些等式。

用來解釋相關模式所想像出來的路徑關係以圖形來表徵，圓圈代表變項，而它們之間的相關以具有方向的箭頭來表示。如果一對變項間存在假設性的關連，那麼箭頭就放在它們之間。如果變項間沒有箭頭，那麼研究者相信它們之間沒有關連。路徑分析的統計顯著性檢定不只應用於每一個相關（或連結），也應用在整體的相關模式，看看是否那個模式符合某個理論的期待。在眞實世界裡，有沒有高度相關的箭頭和沒有箭頭的低度相關？這種路徑分析的適合度（goodness-of-fit）觀點，屬於一種驗證性因素分析（參看模組 36）。

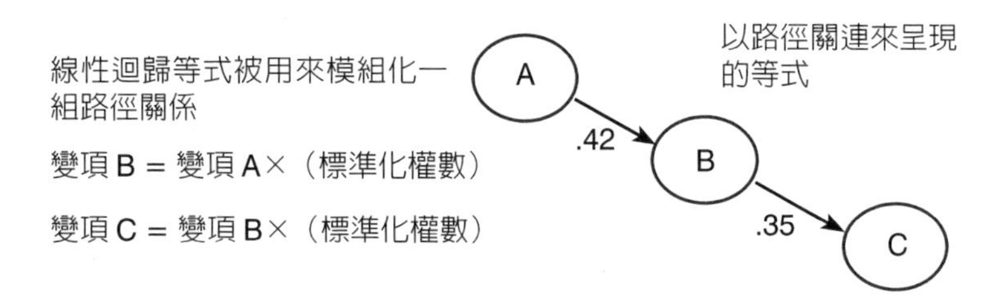

二、主要的統計問題

變項間的理論模型關係與眞實世界的適配度如何？

三、會使用路徑分析的研究範例

研究者對解釋大學數學課程的成績表現頗感興趣。顯而易見，先前的數學經驗或訓練（大學或高中），可能是一個預測大學數學表現的良好預測因子，但他們覺得沒有這麼簡單。他們假設，於數學表現上最直接的影響並不是先前的訓練，而是數學自我效能（self-efficacy）。自我效能是一種自信，人們相信他們能夠採取行動達到一個特定的目標；研究者認爲自我效能被先前的數學經驗所決定。於是他們提出一個理論，主張自我效能可能影響或解釋了相當程度的大學數學表現的「變異比例」。

四、分析

以路徑分析模型而言，研究者的理論看起來像是上方的模型。於 350 位大學生身上搜集資料後，接著計算所有配對變項間的迴歸等式，他們發現其路徑模型的現實世界權數，並呈現在下方。

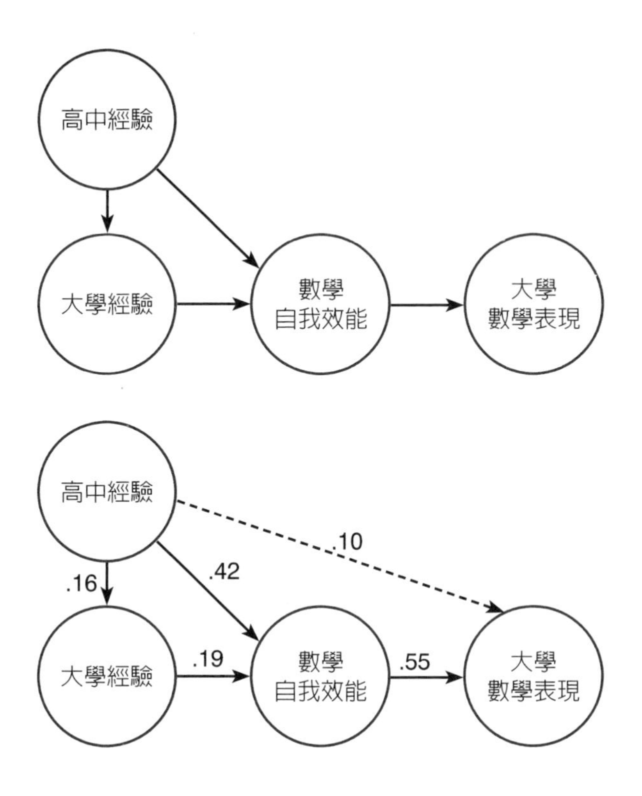

假設的變項之間存在具有顯著性的權數（關連）。最強的大學數學表現預測因子爲自我效能，而最強的自我效能預測因子爲高中經驗。有一個額外的、非理論上的連結，存在高中經驗與大學數學表現之間，伴隨著微弱但直接的關連。這層關連跳越了自我效能與先前大學課程的「效果」。

五、要考慮的事

（一）路徑分析有時候被用來檢視兩變項間的關連是否被第三個變項所解釋，也就是說這第三個變項使得前兩個變項產生關連。這第三個變項被稱為中介（mediator）變項，因為它位在代表這種中介模型路徑圖的中間。

（二）因為路徑分析結合等式來建立一個關連的模型，並且能夠被檢視與理論的適配度，所以它是結構方程模型（參看模組 39）的一種簡易型態。

（三）當然，相關只呈現了關連的強度，而非那些關連的方向。呈現在路徑裡的箭頭，暗示了因果方向，但是要有理論基礎。

六、啓發此範例的真實研究

Pajares, F., and Miller, M. D. (1994). Role of self-efficacy and self-concept beliefs in mathematical problem solving: A path analysis. *Journal of Educational Psychology, 86*(2), 193-203.

模組 39

結構方程模型（**Structural Equation Modeling**）

當你想要分析一組相關連結和理論上未測量到的變項時。

一、研究設計

結構方程模型（通常稱為 SEM）是一種具有彈性的相關程序，也就是在同項分析裡，相同的變項可以同時是預測與準則變項。它也是範圍很廣與全面性的分析程序，能夠描述與檢定模型裡所直接測得的變項間的關係，而那些無法直接測量的潛在變項（隱藏且只有理論上假設的變項，有時候稱為因子）也不放過。它結合了驗證性因素分析（參看模組 36）的適合度（goodness-of-fit）策略，定義潛在變項為已測量變項——稱為指標（indicator）——的結合體，以及路徑分析（參看模組 38），檢定潛在變項怎麼關連的假設。

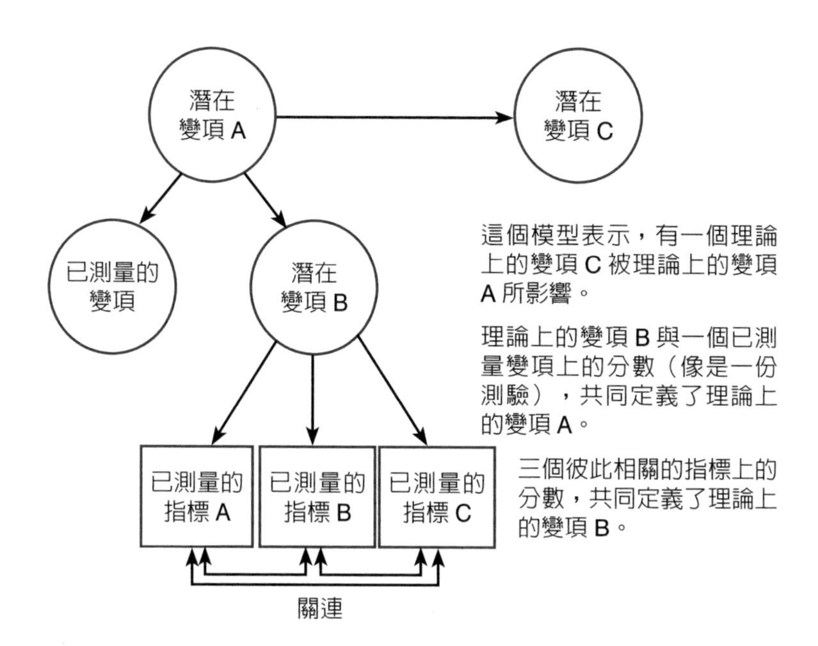

使用結構方程模型檢定與分析複雜模型時，有三個統計目標：

（一）看看眞實世界裡，已測量與潛在變項之間的關連，如何適配一個理論模型的期待。

（二）計算模型裡每對變項間的關連強度（以模型裡箭頭上的權重來呈現）。

（三）如果樣本量很大，修改並微調這個理論模型來改進與現實數據的適合度。

二、主要的統計問題

理論模型與眞實世界的適配度如何？

三、會使用結構方程模型的研究範例

教育工學的研究者，對於人們爲何完成或沒有完成線上課程的現象，抱持著一個理論。他們認爲，先前線上學習經驗的滿足能夠預測持續的參與，而他們定義滿足爲與線上經驗有關的六個成分。他們的理論模型含有影響持續線上學習意圖之滿足度的潛在變項。爲了檢定他們的理論，他們從 183 位修習線上課程的大學生身上搜集數據。持續的意圖以區間類別變項的方式進行測量。滿足度這個潛在變項被定義爲六個指標的結合體：感受到的好用性、好用性失驗（最初期待與目前感受之間的差異）、感受到的品質、品質失驗、感受到的價值以及價值失驗。

四、分析

在現實數據上的結構方程模型分析，部分驗證了這個理論模型。呈現在此處的結果，有著標準化權數伴隨著每一段箭頭，指出相對的關連強度。

整體的適合度是不錯的（以一些統計指標來判斷），並且滿足度與持續的意圖之間存在有力的關連。在定義滿足度的六個成分方面，好用性失驗的權數最高，接著是感受到的品質與價值。然而，品質失驗與價值失驗這兩個成分，似乎在滿足度上不具有角色（缺少了箭頭）。

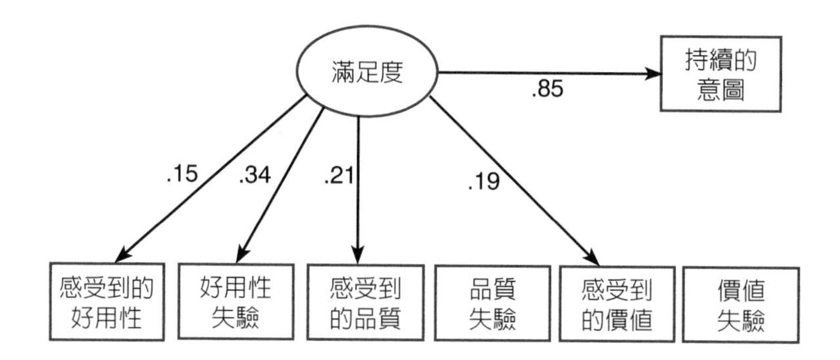

五、要考慮的事

（一）結構方程模型這個術語，涵蓋了檢視變項間網絡關連的任何分析，但它通常指的是複雜的因果模型，這個模型包含了潛在變項、多元連結以及許多假設性的關係。

（二）在結構方程模型裡，潛在變項通常以圓圈呈現，而已測量變項或指標通常以方形呈現。

六、啓發此範例的真實研究

Chiu, C., Hsu, M., Sun, S., Lin, T., and Sun, P. (2005). Usability, quality, value and e-learning continuance decisions. *Computers and Education, 45,* 399-416.

模組 40

階層線性模型（Hierarchical Linear Modeling）

當你的數據不具有相互獨立性，而你想要控制住這項事實時。

一、研究設計

階層線性模型（或 HLM）是三種複雜相關分析技術裡的其中一種，而它被放在本書的結尾，因爲它不適合獨變項與依變項這類的簡單型態設計。HLM 用來處理有時候發生在統計裡的特定與棘手的問題。爲了讓統計分析能夠正確運作，一些關於數據的假設一定要被滿足。其中一項假設就是獨立性。這意謂著研究參與者所產出的變項分數，一定不能跟其他參與者產生關連。如果同一個變項上的分數彼此之間互相影響，那麼相互獨立性的假設就被違反。

如果我對 100 個人搜集關於政治議題的態度分數，而這其中有一些人具有婚姻關係，我就無法把這 100 個分數視爲相互獨立的分數，因爲配偶傾向於擁有彼此關連的態度。在教育研究領域，參與者通常以教室爲單位而形成巢套（nested）現象，因爲不同教室的學生都被不同的教師影響著。想像我從 40 位五年級生身上搜集閱讀測驗分數，看看父母收入對學生閱讀力的影響效果，但這 40 位學生實際上只來自於三個不同的教室。來自於相同教室的學生傾向於表現相同的閱讀分數，因爲他們被同個教師所教導。階層線性模型在你的數據裡指認那種依存性，並且控制住它。藉由這種方式，你可以看清變項間的關係，好像預測變項上的分數都是相互獨立的。

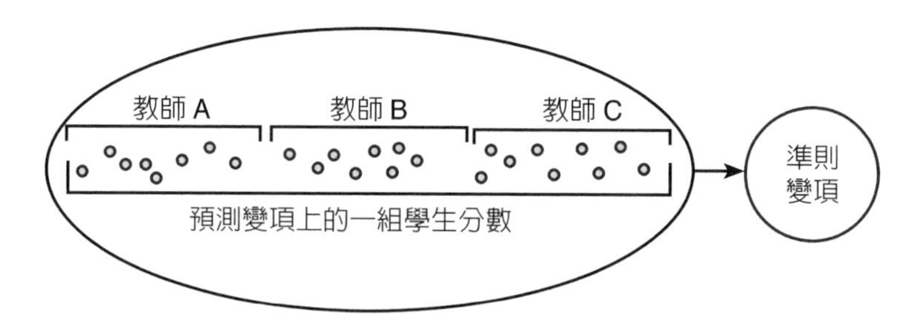

這些預測變項上的分數與準則變項有關。然而，每一個預測分數都依存於學生所屬的班級。階層線性模型控制住這些非計畫中的分組，然後計算預測變項與準則變項的關連。

二、主要的統計問題

控制住數據中的依存性後，變項之間會呈現什麼樣的關連？

三、會使用階層線性模型的研究範例

評鑑降低教室激進行爲介入計畫的評鑑者，研究全美 6,715 位學生，並且依據他們的班級是否接受這項介入計畫（獨變項）來評分他們的行爲（依變項）。因爲教室環境對學生行爲有影響力，所以執行階層線性迴歸（hierarchical linear regression），控制住學生依存於班級的巢狀現象。

四、分析

事實上，首先要檢視是否班級變項與激進行為有關。它確實如此。接下來就要檢視，在控制住了班級的影響力之後，獨變項的兩個組別是否在依變項上產生差異。它們確實如此。HLM 使用迴歸作為其分析，而這最後的複雜迴歸等式（實際上包含了每一間教室的個別迴歸等式），為獨變項提供了一個標準化的權數，描述其與準則變項之間的關連。那個權數被進行統計檢定。以此研究而言，權數具有顯著性（$p = 0.03$），並且表示那些接受介入的學生有著大約 0.20 個標準差的得益。這被解釋成介入於激進行為上的得益，具有小至中度的效果。

五、要考慮的事

（一）在重複測量研究裡，每個時機點的分數都依存（關連）上一個時機點的分數。這就是依存性，所以 HLM 有時候被用來探索橫跨時間的改變，稱為成長曲線分析（groth curve analysis）。

（二）在 HLM 裡，存在不同層次的關連，低層次的分數巢狀於較高層次裡。大部分的分析具有兩個（或有時候三個）層次，但可以有更多。

（三）教育研究領域裡很容易舉出 HLM 範例，但在任何其他的領域裡，也都可能有控制數據依存性的需求。

（四）在階層線性模型裡，我們經常以組別談論學生的階層。這些組別與變異數分析使用名義獨變項的類別所創造出來的不同組別分數並不一樣。

（五）HLM 已經變成這類統計分析的代名詞，這部分是因爲統計軟體包名稱的原因。這類分析的通稱是多層次模型（multilevel modeling）。

（六）獨變項與依變項以及預測變項與準則變項都用在我們的討論裡，因爲 HLM 可以用在實驗研究與相關研究。

（七）因爲其複雜的迴歸模型，階層線性模型類似結構方程模型（參看模組 39）。事實上，兩種分析取向都可以被用來解決許多相同的問題，而 HLM 確實是 SEM 的一種類型。

六、啓發此範例的真實研究

CPPR Group. (1999). Initial impact of the Fast Track prevention trial for conduct problems: II. Classroom effects. *Journal of Consulting and Clinical Psychology, 67*(5), 648-657.

索引

家圖書館出版品預行編目資料

你需要的統計指南在這裡！／布魯斯 B. 佛萊(Bruce B. Frey)著；杜炳倫譯. 一一初版. 一一臺北市：五南圖書出版股份有限公司, 022.12
面； 公分
譯自：There's a Stat for That! : What to Do & When to Do It
SBN 978-626-343-478-3（平裝）
.CST: 統計學
10　　111016905

1H2R

你需要的統計指南在這裡！

作　　者 — 布魯斯 B. 佛萊（Bruce B. Frey）
譯　　者 — 杜炳倫
責任編輯 — 唐　筠
文字校對 — 許馨尹、黃志誠、鐘秀雲
封面設計 — 姚孝慈
發 行 人 — 楊榮川
總 經 理 — 楊士清
總 編 輯 — 楊秀麗
副總編輯 — 張毓芬
出 版 者 — 五南圖書出版股份有限公司
地　　址：106台北市大安區和平東路二段339號4樓
電　　話：(02)2705-5066　　傳　　真：(02)2706-6100
網　　址：https://www.wunan.com.tw
電子郵件：wunan@wunan.com.tw
劃撥帳號：01068953
戶　　名：五南圖書出版股份有限公司

法律顧問　林勝安律師事務所　林勝安律師

出版日期　2022年12月初版一刷
定　　價　新臺幣380元

經典永恆・名著常在

五十週年的獻禮——經典名著文庫

五南，五十年了，半個世紀，人生旅程的一大半，走過來了。
思索著，邁向百年的未來歷程，能為知識界、文化學術界作些什麼？
在速食文化的生態下，有什麼值得讓人雋永品味的？

歷代經典・當今名著，經過時間的洗禮，千錘百鍊，流傳至今，光芒耀人；
不僅使我們能領悟前人的智慧，同時也增深加廣我們思考的深度與視野。
我們決心投入巨資，有計畫的系統梳選，成立「經典名著文庫」，
希望收入古今中外思想性的、充滿睿智與獨見的經典、名著。
這是一項理想性的、永續性的巨大出版工程。
不在意讀者的眾寡，只考慮它的學術價值，力求完整展現先哲思想的軌跡；
為知識界開啟一片智慧之窗，營造一座百花綻放的世界文明公園，
任君遨遊、取菁吸蜜、嘉惠學子！